AF547014

Werner J. Egli
wurde 1943 in Luzern, Schweiz, geboren und lebt heute als freier Schriftsteller in Tucson (USA) und in Egg bei Zürich. Seine erfolgreichen und in viele Sprachen übersetzten Jugendbücher wurden unter anderem mit dem Friedrich-Gerstäcker-Preis, mit dem Preis der Leseratten (ZDF) und mit dem Jugendbuchpreis der Ausländerbeauftragten des Senats Berlin ausgezeichnet. 2002 wurde er für die Hans-Christian-Andersen-Medaille nominiert, der international höchsten Auszeichnung für Jugendliteratur.

*Unter **www.aravaipa.ch** ist der Autor auch im Internet zu finden.*

WERNER J. EGLI

BLUES FÜR LILLY

Roman

AutorenEdition Egli

Für meine Töchter Tamara, Dunja, und Lara,
meinen Sohn Nicolas, für Marlies und Conchita und
all die anderen Lillys, die ich kenne.

W. J. E.

ISBN 978-3-03864-016-5

Lektorat: Horst u. Fritz Eibl (A)
Umschlaggestaltung: Agentur flin
Bildnachweis: iStock | Neutronman
Druck: TOTEM.COM.PL
Realisation: Brigitta Vasella

7 6 5 4 3 2 1

ARAVAIPA im Internet: www.aravaipa.ch

Inhalt

1. Kapitel **Ein schöner Tag** 7
2. Kapitel **Ein Gespräch mit Jim Fletcher** 16
3. Kapitel **Ausgelatschte Schuhe** 32
4. Kapitel **Alesha Baby** 38
5. Kapitel **Nigger sind schwarz** 43
6. Kapitel **Begegnung in Baton Rouge** 48
7. Kapitel **Lady in Blue** 54
8. Kapitel **Die Legende** 66
9. Kapitel **JBs Girl** 75
10. Kapitel **Sex mit Hanna** 79
11. Kapitel **Im rosa Licht** 91
12. Kapitel **Beale Street Blues** 96
13. Kapitel **Die Ehre der Familie** 109
14. Kapitel **Winstel Blues** 121
15. Kapitel **Fünfzig Jahre** 133
16. Kapitel **Forrest County Jail** 141
17. Kapitel **Mit gebrochenen Flügeln** 150
18. Kapitel **Yesterday Man** 162
19. Kapitel **Zurück zum Anfang** 178
20. Kapitel **JBs Gitarre** 191
21. Kapitel **Laugh, Clown, Laugh** 200
22. Kapitel **Das Wunder der Liebe** 209
23. Kapitel **Texas Blues** 218

1. KAPITEL
EIN SCHÖNER TAG

Was mir von Lilly bis heute geblieben ist, schenkte sie mir, als ich zum ersten Mal in ihre Augen sah. Es ist vielleicht der größte Schatz von allen, die bis dahin noch nicht entdeckt waren. Man muss sich das einmal vorstellen: Da stirbt ein Mensch, und in seinen Augen ist ein wunderbares Leuchten, an dem sich der Tod die Knochenhände hätte wärmen können, wäre ihm danach zumute gewesen.

Für mich, der ich da war und ihre letzten Stunden miterlebte, war in diesem Leuchten das Erbe verborgen, das mir Lilly hinterließ. Kein Gold war es und keine Juwelen. Kein Vermögen auf irgendeinem geheimen Bankkonto, von dem außer mir noch keiner wusste, und trotzdem spürte ich, dass Lilly mir nichts Wertvolleres hätte schenken können, nichts, was mich reicher gemacht hätte. Ich kann das noch immer nicht richtig erklären, glaube ich. Vielleicht schreibe ich deswegen dieses Buch. Damit ich zu begreifen lerne, was ich an jenem Tag, als Lilly von uns ging und mich mit einem Gefühl von Trauer und gleichzeitiger Freude zurückließ, entdeckt hatte. Die Liebe, wahrscheinlich. Was heißt denn wahrscheinlich? Heute weiß ich, dass es so war. Aber damals dachte ich, es gäbe für einen wie mich nichts anderes mehr zu entdecken. Ich hatte alles erfahren, alles erlebt. Alles war mir, davon war ich in jener Zeit felsenfest überzeugt, schon bekannt. Ich besaß, wie Hannas Vater, George Ledbetter, zu meiner Mutter gesagt hatte, eine besondere Gabe.

„Mit Bradley werden Sie noch Ihr blaues Wunder erleben“, warnte er sie. „Er besitzt nämlich etwas, was nicht viele Menschen besitzen. Vielleicht ist es ein Geschenk, vielleicht aber auch ein Fluch.“

„Bei allem Respekt, Mr. Ledbetter, was soll denn das sein?“, fragte ihn meine Mutter.

„Bradley bringt Leute zum Reden, ohne dass es seine Absicht ist. Er braucht nur irgendwo reinzukommen, und schon erzählen ihm die Leute ihr Leben. Das ist selbst meiner Frau passiert. Sie hat ihm erzählt, wie unsere Zwillinge gestorben sind. Noch nie hat sie mit jemandem darüber geredet, aber mit Bradley glaubte sie ihren Schmerz teilen zu können. Als ich zufällig hereinkam, weinte sie.“

„Und warum sollte das ein Fluch sein, wenn Sie mir die Frage gestatten? Es gibt wohl wenige Menschen, mit denen jemand über seine Trauer reden möchte.“

„Eben“, pflichtete ihr Mr. Ledbetter bei.

Meine Mutter wusste nicht, was er damit meinte, aber als sie mir später von dem Gespräch erzählte, hatte ich so meine Vermutungen. Vielleicht meinte er, ich könnte irgendwann mal durchdrehen, wenn ich mir den ganzen Ballast auflud, der andere Leute erdrückte. Außerdem wollte er natürlich nicht, dass ich meine besondere Gabe dazu verwendete, das Leben seiner Tochter Hanna zu ruinieren, welches er, selbstverständlich nur zu ihrem Wohl, bereits verplant hatte.

Natürlich hatte er keinen Schimmer, wie viel ich vertragen konnte. Ich war nämlich trotz meiner Jugend schon ziemlich abgehärtet. Immerhin hatte ich schon einiges erlebt. Zum Beispiel hatte ich bereits Menschen verloren, die mir viel bedeuteten. Meinen Vater etwa, nachdem er mir sozusagen Alesha weggenommen und einen Traum zerstört hatte. Und McDelcott, der Mann meiner Mutter, der uns, meinem Bruder Mitch und mir, nie ein Vater sein konnte, obwohl er sich alle Mühe gab und zumindest für Mitch eine Zeit lang ein gewisser Halt war. Ich hatte ein Gefühl erfahren, das ich für die Liebe hielt, und mich beim ersten

Mal, als ich von meinem Verlangen überwältigt wurde, bis auf die Knochen blamiert. Ich hatte mein Herz herumgetragen, als wollte ich es irgendeinem Gott opfern, und es war in meinen Händen zersplittert. Ich hatte meine Wunden geleckt, als sie noch bluteten bis nur noch ein bitterer Geschmack übrig blieb. Ich war im kalten Grau der Dämmerung, in der mein Freund Santiago Gomez von der Kugel eines Grenzbeamten getötet wurde, meinem eigenen Schatten begegnet, der mich vor mir selbst warnte. Aber das, was ich an jenem Tag des Abschiedes in Lillys Augen sah, dieses leuchtende Feuer, war eine ganz besondere Sache. Die Liebe. Die wahre Liebe. Ich musste danach gesucht haben, weil ich ahnte, dass es eine andere Liebe geben musste als die, die ich spürte, wenn ich mit Hanna unten am Brewster-Teich saß und merkte, wie sehr ich Alesha vermisste und dass ich lieber in die Stadt gegangen und nach Alesha gesucht hätte, weil ich mit niemandem zusammen sein konnte, ohne an sie zu denken, nicht einmal mit Hanna.

Dabei glaubte ich, ich wüsste schon alles. Ich glaubte, ich wüsste schon alles, weil ich eines Nachts nicht unten am Flussufer unter freiem Himmel geschlafen hatte, sondern wie der Mann, der ich werden wollte, heimlich zu Alesha gegangen war. Ein Junge war ich noch, als ich ohne Führerschein nach Dickens fuhr, einfach ihr Motelzimmer aufsuchte und an die Tür klopfte. Sie machte auf und hinter ihr schimmerte dieses rosa Licht, das mich beinahe schwindelig werden ließ, und sie sagte kein Wort, sah mich nur an und sagte nicht, warum bist du hergekommen oder so was, weil sie wusste, warum ich da war. Sie trug dieses dünne, fast durchsichtige Nachthemd und ich stand vor ihr und wusste nicht, was ich tun sollte, und da nahm sie mich bei der Hand und zog mich herein und umarmte mich, und wir küssten uns und ich drückte sie an mich und irgendwie, ich weiß heute noch nicht genau, wie das alles geschah, lagen wir später im Bett und seither glaubte ich, auch über die Liebe, alles zu wissen. Alles!

Heute erst weiß ich, dass mir die Liebe die ich meine, eben diese wahre Liebe, in Lillys Augen zum ersten Mal begegnete. Das weiß ich heute, nachdem drei Jahre vergangen sind. Drei lange Jahre, die mich zum Mann gemacht haben, ohne dass ich es merkte. Damals, vor drei Jahren, saß sie in ihrem Bett und in ihren Augen war dieses Leuchten, das ich nie mehr vergessen mag. Und manchmal träumte ich seither, eines Tages so glücklich zu sterben, wie es Lilly an jenem Tag tat. Glücklich war sie. Glücklich, gelebt zu haben. Glücklich, den Weg zu gehen, auf den sie sich seit Monaten gefreut hatte wie auf eine lange schöne Reise in ein fernes Land. Und manchmal wünsche ich mir heute noch, nicht nur wenn ich träume, ich hätte sie begleiten können, dorthin, von wo es Gott sei Dank kein Zurück mehr gab, und wo eines Tages Alesha auch hinkommen würde.

Lilly ging allein. Sie sah mich nur an, bevor sie ihre Augen für immer schloss, sah mich an, als wäre ich der Held, der sie durch Nacht und Nebel geführt hatte, als sie sich längst verloren glaubte in einem Labyrinth, in dem sie, ohne es zu wissen, nicht allein herumirrte.

Dabei war ich selbst erst achtzehn und die Wege, die ich kannte, führten alle durch meine eigene verquere Welt nach Nirgendwo.

Ja, ich wollte bei ihr sein, wenn sie starb. Ich allein. Das war damals mein größter Wunsch und ich hatte Glück, dass er in Erfüllung ging. So nahm ich sie bei der Hand, als wüsste ich den Weg, und ich weinte, obwohl auch ich glücklich war mit ihr, so glücklich wie noch nie zuvor.

Es war ein Tag voller Geheimnisse, ein Tag voller Wunder. Wir hatten zusammen gegessen. Zusammen mit allen anderen im großen Speisesaal mit den vielen Tischen und der Fensterfront, die zum Garten hinaus gerichtet war. Ich hatte eine Kerze mitgebracht und auf dem Tisch, im flackernden Licht, stand eine silbergerahmte Fotografie von JB. Es gab Putenschnitzel in Rahmsauce, kleine Kartoffelpuffer und Spinat mit Reibkäse. Lilly trank von einem Glas Rotwein zwei oder drei Schlückchen und tupfte sich die Lippen mit der Serviette ab, jede Handbewegung machte sie sorgfältig und achtsam, so, als fürchtete sie, dieses Abendessen würde ihr sonst nicht in Erinnerung bleiben.

Viel aß Lilly nicht mehr, aber alles, was sie aß, kostete sie auf eine ganz besondere Art, beinahe so, als hätte sie gewusst, dass dieses Mal ihr letztes war. Zum Dessert hatte sie sich einen Karamellpudding gewünscht und davon aß sie zwei kleine Löffel.

„Jetzt ist es genug", sagte sie danach. „Komm, Brad, wir gehen."

Ich half ihr auf die Beine, stützte sie, indem ich sie am Arm festhielt, wie ich es schon hundertmal gemacht hatte. Langsam gingen wir zwischen den Tischen hindurch, und die anderen schauten uns nach, schauten uns mit plötzlich wachen Augen nach, neugierig, wohin wir gehen würden, obwohl es nur die eine Tür gab, die in den langen Flur führte, und einige sagten „Gute Nacht, Lilly" oder „Wir sehen uns im Garten", und Lilly lächelte nur, und das Lächeln war ihr Abschied, ohne dass es jemand erkannte und darüber hätte traurig werden können.

Wir machten gemeinsam einen Spaziergang durch den kleinen Garten, und sie hielt sich an meinem Arm fest, manchmal blieben wir stehen und sie betrachtete die Blumen und die Grashalme oder sie berührte mit ihrer freien Hand die Blätter eines Zierbusches, als spürte sie in ihnen den Pulsschlag ewigen Lebens. Nichts schien ihrer Aufmerksamkeit zu entgehen, aber sie blieb nicht ein einziges Mal stehen, um mit jemandem zu reden, schien die Menschen überhaupt nicht wahrzunehmen, die auf den Bänken in der Abendsonne saßen und uns betrachteten, als wären wir zwei merkwürdige Fremde, die sich hier in diesem schönen Garten verloren hatten. Und dann, als die Sonne in die Kronen der alten Bäume eintauchte und ihr Grün zum Leuchten brachte, als es ein wenig kühler wurde, gingen wir hinauf in ihr Zimmer, in dem das große Bett stand und der Fernseher und die Kommode mit dem Kippspiegel und den Fotos und der Rose, die vor langer, langer Zeit verdorrt war und nur noch in Lillys Erinnerung blühte.

Ich stellte JBs silbergerahmtes Foto zu den anderen und öffnete das Fenster, um Luft und Licht hereinzulassen, aber die Sonne war inzwischen irgendwo jenseits des Mississippi untergegangen. Es war der Abendhimmel, welcher die Wände in ihrem Zimmer dunkelrot färbte, und wenn ich am Fenster stehen geblieben wäre, hätte ich zwischen den Bäumen hindurch den Mississippi sehen können, den großen alten Mann, wie ihn Lilly immer respektvoll nannte, wenn wir über ihn redeten wie über einen treuen Freund, helle Flecken des träge dahinfließenden Wassers nur, das ich von hier aus mehr erahnt als wirklich gesehen hätte, und ich hätte die Stadt hören können, dieser gedämpfte gleichmäßige Lärm, der überall war und nirgendwo, und vielleicht flüsternde Stimmen vom Garten herauf, in dem die alten Leute auf den Bänken saßen, mit ihren blassen Erinnerungen und mit denen, die manchmal so frisch waren, als hätten sie all die Jahre hindurch eine Nische in ihrem Gedächtnis gefunden, in der nichts Aufbewahrtes verdarb.

Aber ich setzte mich auf den Stuhl neben Lillys Bett und

nahm JBs Gitarre zur Hand und spielte leise darauf herum, spielte nichts Besonderes, nichts, was sie schon einmal gehört hatte, klimperte einfach leise vor mich hin, lächelte sie an, während mir die Tränen über die Wangen liefen, und ihre Hände lagen jetzt regungslos auf der weißen Bettdecke. Wie ein wunderschöner Engel sah sie aus, der hierhergefunden hatte, um sich hier nach einem langen Flug zur Ruhe zu legen. Die Falten in ihrem Gesicht glätteten sich und ihre wunderbaren Augen strahlten, und ich bewunderte sie einmal mehr, bewunderte sie für ihre Zierlichkeit und die Kraft, die in ihr versteckt war, und ich bewunderte sie für ihre Schönheit und ihre Lebensfreude, mit der sie mir so oft die Furcht vor einer ungewissen Zukunft genommen hatte.

Natürlich wusste ich, an wen sie in jenem Moment dachte, als sie die Augen für immer schloss, halb aufgerichtet in ihrem viel zu großen Bett, drei oder vier Kissen im Rücken und eines hinter dem Kopf, sodass sie ihn leicht zurücklegen und sich ausruhen konnte.

Diese alte Gitarre in meinen Händen, die hatte eine Stimme, die nur sie verstehen konnte. Ganz egal, was ich spielte, es war JB, den sie hörte. Ich selbst existierte nicht mehr für meine geliebte Lilly. Mich gab es nicht mehr.

Sie starb, während ich spielte. Sie brauchte sich nicht zu verabschieden. Das hatte sie vorher getan, als wir ins Zimmer kamen. Sie hatte sich im Bad umgezogen und zurechtgemacht, sich ein letztes Mal gekämmt und sich gewaschen.

Und als sie sich ins Bett legte und ich ihr die Kissen unter den Rücken schob und hinter den Kopf, da gab sie mir einen Kuss.

„Es war ein gutes Leben, Brad“, sagte sie. „So viel, wie ich bekommen habe, durfte ich nicht erwarten. Ja, es war ein gutes Leben.“

„Du lebst noch“, antwortete ich und lächelte. Und ich lächelte, weil ich sie in dieser Sekunde zu verlieren fürchtete. So versuchte ich, die Angst zu verstecken, und das Lächeln blieb, während sich die Angst nach und nach verlor wie Schatten in der Morgendämmerung.

Meine geliebte Lilly. Ich wusste, dass sie jetzt tot war, obwohl sie aussah, als schliefe sie. Dieses Gesicht kannte ich. Dieses Lächeln. Als hätte sie mir damit ein letztes Mal sagen wollen, wie sehr sie sich auf alles freute, was nach dem Tod kam. Auf einen wunderschönen Pfad, auf dem noch nie ein Rad gerollt war. Eine leise Melodie im Wind, der von irgendwoher kam, wo noch nie ein Schuss gefallen war. Einen strahlenden Himmel, wie sie ihn aus ihrer Jugend kannte, als sie noch geglaubt hatte, der Sommer würde ewig dauern. Keine Mauern. Keine Gitter. Nicht einmal eine bedrohliche Gewitterwolke, die sich über den fernen Horizont schiebt. Und irgendwo, irgendwo in dieser Unendlichkeit würde er auf sie warten, und sie würde auf ihn zulaufen, leichtfüßig und schnell, getragen von ihrem Glück, ihr langes blondes Haar im Wind fliegend, ein Kleid beinahe wie ein Hauch, und er würde seine Arme ausbreiten und sie mit seinen starken Händen an sich ziehen, wie er es damals, als sie beide jung gewesen waren, lange nicht zu tun gewagt hatte. Ich legte JBs Gitarre auf den Stuhl und beugte mich über sie und küsste sie auf die Stirn.

Und ich küsste ihre Wange und nahm ihre Hände in meine Hände und drückte sie so sanft, als fürchtete ich, sie könnten zu Staub zerfallen. Ihre Gesichtshaut war blass und zart, und ich küsste ihre Lippen und als ich glaubte noch einmal ihren Atem zu spüren, ganz leicht nur auf meiner Wange, da verharrte ich völlig regungslos, hielt meinen Atem an und suchte mit allen meinen Sinnen nach einer letzten Berührung, nach einem schwachen Seufzer. Einem

Hauch.

Die Tränen trockneten auf meiner Haut, und irgendwann nahm ich die Kissen hinter ihrem Rücken hervor. Nur das eine Kopfkissen ließ ich liegen. Dann legte ich mich neben sie auf das Bett und verschränkte die Arme hinter meinem Kopf. Ich blickte hinaus, über die Blätter einer alten knorrigen Eiche hinweg und in den Abendhimmel, durchzogen von den Kondensstreifen der Jets, und jetzt erst vernahm ich die Stimmen von unten im Garten, leise Stimmen von Menschen, die noch ein Stück zu leben hatten, während Lilly hier in ihrem Zimmer so leise und friedlich gestorben war, dass es außer mir niemand bemerkt hatte.

Ich lag lange neben ihr, merkte nicht, wie es dunkel wurde und wie sich die Luft abkühlte, die in das kleine Zimmer drang, und in meinen Gedanken war ich bei ihr, begleitete sie auf ihrem Pfad über die Wiesen und durch die Wälder, und es war Herbst und schönes Wetter, alles bunt und nach Wärme riechend, und da sah ich JB auf der Bank vor seinem kleinen Haus sitzen, das schon vor vielen Jahren abgebrannt war, in einem dunklen Anzug und einem weißen Hemd, und im Knopfloch des Jackett Kragens steckte eine dunkelrote Rose. Er lachte, als sie auf ihn zu rannte, erhob sich von seinem Stuhl und ging die Verandatreppe hinunter, ein großer schlaksiger Junge, dem die Sonne ins Gesicht schien. Er breitete seine Arme aus.

„Lilly“, rief er, als hätte er so unendlich lange auf sie gewartet. „Lilly, du weißt nicht, wie sehr ich dich liebe.“

Aber sie wusste es, und sie war noch nie im Leben schneller gerannt als jetzt. Nie.

2. KAPITEL
EIN GESPRÄCH MIT JIM FLETCHER

Ich fuhr mit dem Aufzug hinunter. Die Luft im Aufzug war schlecht. Sie roch nach kalt gewordenem Essen und nach einem Putzmittel. Das ganze Heim roch danach. Am Anfang, als ich zum ersten Mal hergekommen war, hatte ich mich davor geekelt. Ich hätte hier nichts essen können, nichts trinken. Ich dachte, ich müsste ersticken. Am Anfang wollte ich nicht hierbleiben, nicht einmal fünf Minuten lang, aber inzwischen war mir alles so vertraut geworden, dass ich nirgendwo lieber war als hier.

Unten ging ich den langen Flur entlang, in dem Bilder hingen, die von den Kindern einer Schulklasse gemalt worden waren. Sonnenaufgänge. Sonnenuntergänge. Mond und Sterne. Hügel mit merkwürdigen Figuren, die aussahen wie Fische mit Antennen. Oder Flugzeuge. In einer Nische zwischen zwei Fenstern stand der Käfig mit einem eingesperrten Beo, der immerfort redete. Man brauchte nur vorbeizugehen und schon redete er.

Manchmal blieb ich stehen und ließ ihn reden. Heute hörte ich nicht hin. Er sagte sowieso immer das Gleiche. „Bock auf Kaviar?" Keine Ahnung, wer ihm das beigebracht hatte. „Bock auf Kaviar?" Und: „Was willst du? Einen alten Hut zum Trommeln?"

Eine Pflegerin, von der ich wusste, dass sie Rhonda hieß, kam durch eine stählerne Schwingtür aus der Küche, sah mich am Käfig vorbeigehen und lächelte.

„Lilly hat nicht viel gegessen", sagte sie. „Es ist mir beim Abräumen aufgefallen."

„Ja", antwortete ich. Mir fiel nichts anderes ein und später konnte ich mir nicht erklären, warum ich ihr nicht gesagt hatte, dass Lilly gestorben war. Ich ging hinaus und die Straße hinunter und meine Mutter saß bei McDonald's am Fenster, genau auf dem Platz, wo sich auch Lilly immer hingesetzt hatte, wenn wir zusammen zum Essen gingen. Meine Mutter las in einem Filmmagazin. Ihre Fritten waren kalt geworden, sie lagen schlapp auf dem Tablett, die meisten im Ketchup. Sie trank Dr. Pepper. Ich kenne sonst keine Frau, die Dr. Pepper gern mag. Meine Mutter trinkt Dr. Pepper. Unser Kühlschrank zu Hause ist voll von Dr. Pepper. Cola zerfrisst dir den Magen, meint sie. Ich mag Dr. Pepper nicht. Damals nicht und auch heute noch nicht. Ich mag Cola, aber manchmal wache ich mitten in der Nacht auf, weil ich träume, Coca Cola ist ein Monster mit spitzen Zähnen.

Sie blickte auf, als ich hereinkam, und sie sah mir sofort an, dass Lilly tot war.

„Komm her“, sagte sie und streckte eine Hand nach mir aus.

„Es ist schon okay.“ Ich konnte sie nicht ansehen. Ich blieb einfach stehen und starrte aus dem Fenster auf die Straße hinaus und auf den riesigen Ronald McDonald, der draußen stand und Kinder hereinwinkte.

Irgendwo dort draußen in dieser Stadt war Alesha. Hätte ich gewusst, wo ich sie hätte finden können, ich wäre wahrscheinlich zu ihr gegangen. Einfach so. Hätte an die Tür geklopft und dann hätte ich gesagt, hier bin ich und ich bleibe bei dir.

„Brad, setz dich zu mir“, sagte meine Mutter, während sie das Magazin zuschlug und in ihrer Tasche verstaute. Ich blieb stehen und blickte durch das große Fenster hinaus.

„Brad! Komm her und setz dich zu mir!“

Ich schüttelte den Kopf, ohne sie anzusehen.

„Jemand muss hingehen und ihnen sagen, dass sie tot ist“, sagte ich.

„Du meinst, du hast niemandem dort gesagt, dass sie tot ist?"

„Nein. Jetzt, wo sie tot ist, kannst du ja hingehen und es ihnen sagen."

Meine Mutter erhob sich von der Bank, auf der sie gesessen hatte. Sie kam zu mir.

„Brad, hast du ihr gesagt, dass ich da bin?"

„Nein. Sie hat nicht nach dir gefragt."

Jetzt blickte ich sie an. Blickte ihr direkt in die Augen und sie wich meinem Blick nicht aus.

Das konnte sie gut, meinem Blick standhalten. Und ich glaube, ich war immer der, der zuerst wegschaute. Aber nicht dieses Mal. Dieses Mal sah ich ihr in die Augen und ich spürte nur, wie mir die Tränen kommen wollten, und ich erinnerte mich an den Tag, an dem mir JB gesagt hatte, die Kunst des Lebens bestehe darin, seinen Schmerz hinter einem Lächeln zu verbergen. Nur, in diesem Moment gelang es mir nicht.

„Dann geh ich jetzt und sag es ihnen", sagte sie. „Bleibst du hier?"

Ich nickte nur, und sie verließ den McDonald's und ich bestellte eine Cola und dachte, dass ich eigentlich Hanna anrufen sollte, um ihr mitzuteilen, dass wir ein paar Tage in Memphis bleiben und wahrscheinlich nicht vor Samstag wieder zurück in Winstel sein würden, weil alle Formalitäten erledigt werden mussten.

Ich ging mit dem Colabecher in der Hand zur Telefonzelle und rief Hanna an.

Ihr Vater hob ab und meldete sich.

„Ledbetter", sagte er nur, aber irgendwie klang das immer wie eine Warnung. Einen Moment lang dachte ich daran, einfach aufzuhängen, aber dann fragte ich ihn nach Hanna, und zwar ohne die Stimme zu verstellen, wie ich das schon oft getan hatte, wenn ich keinen Bock hatte, mit ihm über mich und über Hanna zu reden.

„Bist du das, Brad?“, fragte er. „Ich dachte, du bist mit deiner Mutter nach Memphis gefahren, um Lilly zu sehen.“

„Ich bin in Memphis, Sir“, sagte ich.

„Ah.“

Er schien eine Sekunde lang überlegen zu müssen, was er mir als Nächstes sagen sollte. Und dann kam es. Kalt und hart, als hätte er die Worte in der Tiefkühltruhe gelagert, die bei Hanna zu Hause in der Küche stand.

„Übrigens, Brad, ich würde mich demnächst gern mal mit dir über gewisse Dinge unterhalten, die für uns alle von Bedeutung sind.“

Ich wusste natürlich sofort, was er meinte, aber ich stellte mich blöd.

„Dinge, Sir? Welche Dinge?“

„Nun, über Hannas Zukunft zum Beispiel. Und natürlich auch über deine. Du bist ein begnadeter Junge mit einem großen Talent. Da ist es wichtig, dass man sich Ziele setzt. Du hast dir doch Ziele gesetzt, nicht wahr, Brad?“

Ausgerechnet jetzt versuchte er mich festzunageln. Lilly war noch nicht mal eine halbe Stunde tot, und er redete mit mir über meine Zukunft. Dabei hatte er keinen Schimmer. Er war Bankangestellter, verdammt, und irgendwann hatte man ihn zum Bürgermeister von Winstel gewählt, weil sonst niemand den Job haben wollte. Am liebsten hätte ich ihm gesagt, dass er mir mal den Buckel herunterrutschen könne, aber ich hatte jetzt nicht die Kraft dazu.

„Ja, Sir, wenn ich zurück bin ...“

„Aber natürlich, Brad. Moment mal, da kommt eben Hanna herein.“ Ich hörte ihn nach Hanna rufen. Seine Stimme klang dumpf. Vermutlich hielt er eine Hand über die Sprechmuschel, aber ich konnte ihn trotzdem hören.

„Telefon für dich, Hanna." Und dann Hannas Stimme. Von fern. Vermutlich von der Haustür her, durch den Flur und ins Wohnzimmer. „Wer ist es? Brad?" Und wieder Mr. Ledbetter. „Wer denn sonst." Irgendwelche Geräusche folgten, und ich stellte mir vor, dass Hanna im Flur ihre Sporttasche hingeworfen hatte und ihrem Vater den Hörer aus der Hand zerrte, bevor er sich von mir verabschieden konnte.

„Brad! Bist du das, Brad?"

„Ja."

„Du ... du klingst so nah. So, als wärst du hier in Winstel."

„Ich bin in Memphis. Wollte dir nur sagen, dass wir wahrscheinlich nicht vor Samstag zurückkommen, meine Mutter und ich."

Sekunden vergingen. Ich konnte sie atmen hören. Irgendwo wurde eine Tür zugemacht.

„Schön, dass du mich angerufen hast, Brad", sagte sie leise. „Ich habe gehofft, dass du mich anrufst."

„Ich wollte dir nur sagen, dass wir nicht gleich ..."

„Heute ist erst Dienstag", unterbrach sie mich. „Du wolltest am Donners..." Sie brach mitten im Wort ab und einige Sekunden lang drang kein Geräusch mehr an mein Ohr, weil sie plötzlich begriff, was ich ihr gesagt hatte, und sie jetzt wahrscheinlich den Atem anhielt.

„Brad, ist sie ... Oh, mein Gott, sie ist gestorben, nicht wahr?"

„Ja."

„Oh, Brad, mein Armer", schluchzte sie. „Lieber Gott, das tut mir so schrecklich Leid für dich. Ich weiß doch, wie sehr du sie gemocht hast. Und jetzt ist sie nicht mehr. Ich kann es nicht fassen, Brad. Es ist so schrecklich. Es ist so ungerecht. Du hast dich so auf das Wiedersehen gefreut und jetzt ... Oh, Brad, wenn ich nur etwas zu sagen wüsste. Ich wünschte, ich könnte dich trösten. Das ist alles so traurig ... Ich muss gleich heulen."

„Hanna, es ist ..."

Sie heulte tatsächlich. Sie heulte einfach drauflos und es gab nichts, was ich für sie hätte tun können, und so sagte ich ihr Auf Wiedersehen und legte auf. Ich ging zum Tisch zurück und setzte mich ans Fenster und blickte auf die Straße hinaus und auf die Autos, die in den McDrive einbogen, Mütter mit fröhlichen Kindern hinten im Auto, und aus irgendeinem Grund dachte ich, Mann, wenn jetzt ein Verrückter plötzlich in den McDonald's kommt und um sich zu schießen beginnt, einfach so auf alles schießt, was sich bewegt, auf die Mütter und die Kinder und auf die Angestellten und auf den alten Mann, der vornübergebeugt an einem Tischchen sitzt und einen Cheeseburger verdrückt ... Bei dieser Vorstellung wurde mir ganz mulmig. Ich schaute mir den nächsten Fahrer, der in den McDrive einbog, ganz genau an, sah, dass er einen Overall trug und eine schmutzige Basketballmütze mit einem Texaco-Stern drauf, und ich sagte mir, dass er ein ganz gewöhnlicher Automechaniker war, der daheim eine Frau und drei oder vier Kinder hatte. Das nächste Auto, das in den McDrive einbog, war ein Streifenwagen der Stadtpolizei mit zwei Cops drin, die parkten den Streifenwagen und kamen in den McDonald's und beide bestellten sich Milkshakes, einer mit Bananen- und der andere mit Erdbeergeschmack. Ich sah sie mir genau an. Einer von ihnen war um einiges älter als der andere, hatte schon einen ergrauten Schnurrbart, und der andere, der Jüngere, war ein Schwarzer, der eine Pilotensonnenbrille aufgesetzt hatte. Ich dachte mir, die solltest du fragen, ob sie Alesha kennen und vielleicht sogar wissen, wo sie wohnt, aber ich ließ es bleiben, weil es wahrscheinlich ohnehin keinen Sinn hatte, in einer Millionenstadt nach einem Mädchen zu fragen, von dem einem nur der Vorname in Erinnerung geblieben ist. Das hatte doch schon einmal Elvis in einem Chuck-Berry-Song versucht, den Mutter hin und wieder auf dem alten Plattenspieler hörte, wenn sie glücklicheren Zeiten nachtrauerte.

Die Cops gingen hinaus und setzten sich wieder in den Streifenwagen und da saßen sie und tranken ihre Milkshakes, und wahrscheinlich hatten sie das Funkgerät laufen und warteten nur, dass irgendwo irgendetwas passierte und ihnen der Einsatzleiter einen Einsatzbefehl durchgeben würde.

Dann kam Mom zurück. Sie war geschafft. Ich konnte es ihr ansehen, obwohl sie sich Mühe gab, sich nichts anmerken zu lassen. Sie musste geweint haben. Am linken Auge war irgendetwas verschmiert. Wahrscheinlich Farbe vom Lid Stift oder so was. Keine Ahnung, was sie sich aufs Gesicht pflastert. Ich gehe nie hin und schau in ihrem Zeug nach, das im Badezimmer herumliegt. Sie beugte sich zu mir herunter und umarmte mich.

„Du warst bei ihr, als sie starb, nicht wahr“, sagte sie.

Ich nickte. Sie richtete sich auf.

„Hat sie noch etwas gesagt?“

Ich nickte wieder.

„Wegen deinem Vater, meine ich.“

„Nein.“

„Ich habe versucht, ihn vom Heim aus anzurufen. Er sollte wenigstens wissen, dass sie gestorben ist. Er war nicht zu Hause.“ Mom bestellte sich ein Dr. Pepper und kam mit dem Becher zum Tisch zurück. Sie setzte sich auf den gleichen Platz, auf dem sie schon vorher gesessen hatte.

„Vielleicht solltest du ihn später anrufen, Brad.“

„Ich?“

„Er ist dein Vater, oder nicht? Wir werden Lillys Asche bei uns in Winstel beisetzen. Sag ihm das! Sag ihm, dass er wenigstens zur Beerdigung kommen könnte. Das ist das Mindeste, finde ich."

„Wir werden Lillys Asche zum Mississippi hinuntertragen und über dem Wasser ausstreuen, Mutter. Sie hat sich das so gewünscht."

Meine Mutter blickte mich an.

„Hat sie es dir gesagt, dass das ihr Wunsch ist?"

„Ja. Als JB starb, sagte sie es mir. JBs Asche wurde über dem Mississippi ausgestreut. Von der Mississippi Brücke. Dort werde ich Lillys Asche ausstreuen."

„Dann sag ihm das, Brad. Sag deinem Vater, dass Lillys Asche über dem Mississippi ausgestreut wird. Er sollte wenigstens wissen, dass du das vorhast. Es ist immerhin seine Mutter, Brad."

Sie hatte natürlich Recht. Es ging um die Asche seiner Mutter. Und das sagte ich ihm am Abend vom Hoteltelefon aus.

„Jim Fletcher", meldete er sich.

„Brad", sagte ich.

„Brad, verdammt, Brad! Wo steckst du, mein Junge? Verdammt, wir haben uns lange nicht mehr gesehen. Was gibt's Neues. Wo steckst du?" Er lachte. „In der Klemme, was? Und jetzt soll dir dein alter Vater da raushelfen und ..."

„Lilly ist tot!", unterbrach ich ihn.

Es verschlug ihm den Atem.

Wir schwiegen beide. Ich glaube, es verging eine Minute oder mehr, bevor er wieder da war.

„Brad, wo bist du?" Seine Stimme zitterte.

„In Memphis."

„Warst du bei der alten Dame, als sie starb?"

„Ja."

„Und wer noch? Deine Mutter?“

„Nein. Mom ist hier, aber ich war allein bei Lilly.“

Er schwieg wieder. Es klang fast, als wäre er überhaupt nicht mehr dran.

„Hallo“, sagte ich. „Bist du noch dran?“

„Natürlich bin ich noch dran. Ich habe mir nur überlegt, was ich dir sagen soll.“

„Du brauchst mir nichts zu sagen.“

„Okay. Dann sag ich lieber nichts, verstehst du. Ich frage dich nur, was jetzt passiert. Ich meine, es wird wahrscheinlich so was wie ’ne Beerdigung geben. Was hat mein Bruder Lewis dazu gesagt. Weiß er überhaupt, dass die alte Dame gestorben ist?“

„Mom sagt, dass du ihn anrufen sollst.“

„Werd ich tun, Brad, Ganz klar. Wann ... Wann ist sie denn ... gestorben?“

„Heute Abend. Kurz vor sieben.“

„Kurz vor sieben?“

„Ja.“

„Ah ja, da war ich noch unterwegs. Du weißt ja, ich fahr wieder Laster. Ich war unterwegs nach Hause. Ist deine Mutter in der Nähe?“

„Ja.“

„Gib sie mir mal.“

„Sie will nicht.“

„Okay. Dann sag mir, was ich tun soll? Wann ist denn die Beerdigung? Und wo? Ich komm natürlich hin. Und Lewis wahrscheinlich auch. Ich werd’s ihm auf jeden Fall sagen.“

„Es gibt keine Beerdigung.“

„Keine Beerdigung?“

„Lilly wird kremiert.“

„Verbrannt?“

„Ja. Und ich soll ihre Asche über dem Mississippi ausstreuen."

„Hm, das ist keine schlechte Idee. Ich meine, was ist denn da noch übrig, wenn man einmal tot ist …"

„Asche."

„Stimmt. Ein Häufchen Asche."

„Und Erinnerungen."

„Stimmt." Er dachte nach. Dachte wahrscheinlich an irgendetwas in seinem Leben. Irgendetwas, das ihn an Lilly erinnerte.

„Was hast du vor, Brad?"

„Was meinst du?"

„Das mit der Asche. Wann geschieht das?"

„Keine Ahnung. Mom sagt, dass übermorgen die Kremation stattfinden kann. Hinterher kriegen wir die Urne mit der Asche, und da wir gerade hier sind, in Memphis, sollten wir sie auch gleich in den Fluss streuen."

„Natürlich. Ist wahrscheinlich auch besser. Für Lilly meine ich. Und für alle."

„Ja." Ich wusste nicht, was ich sagen sollte. Eigentlich hätte ich es schon gewusst, aber ich sagte es nicht.

„He, ich bin verdammt froh, dass du wenigstens bei ihr warst, Brad. Verdammt froh. Werd ich dir nie vergessen."

„Okay."

„Wie geht's dir denn?"

„Okay."

„Okay okay?"

„Okay."

„Wieder mal was von Alesha gehört?"

Ich hätte darauf gefasst sein sollen, aber ich war es nicht. Und so schoss mir das Blut in den Kopf, und meine Mutter, die mich genau beobachtete, wusste sofort, was los war.

„Sag deinem Vater, dass die kleine Nutte das County bei

Nacht und Nebel verlassen hat, bevor man sie steinigen konnte.“

„War das deine Mutter?“

„Ja.“

„Was hat sie gesagt?“

„Sie hat gefragt, ob du kommst“, log ich ihn an.

„Nach Memphis?“

„Ja. Übermorgen. Das schaffst du.“

„Nein. Das schaff ich nicht. Mein Job …“ Er brach ab, schien sich irgendeine Ausrede zu überlegen, aber dann machte er mir einen Vorschlag. „Hör zu, Brad, du kennst mich. Ich sag nicht, ich kann kommen, und dann komm ich nicht. Und ich sag auch nicht, ich kann nicht kommen, und denk mir ganz schnell ein paar Ausreden aus. Deshalb sage ich dir, ich komme, wenn du sie mitnimmst nach Winstel.“

„Ich? Wen …?“

„Lilly.“

„Lilly?“ Ich dachte irgendwas mit seinem Kopf sei nicht mehr in Ordnung.

„Die Asche, verdammt. Nimm die Urne …“

„Lass dich nur nicht auf irgendeinen Kuhhandel ein“, sagte Mutter so laut, dass ich abgelenkt wurde. „Du weißt ja, wie er ist. Der redet dir ein Ohr ab, wenn's darum geht, seine …“

„Deine Mutter quatscht andauernd dazwischen, Brad. Sag ihr doch, sie soll endlich mal die Klappe halten, verdammt!“

„Mutter, hör auf!“

Sie hörte auf.

„Also, dann sag ich's dir noch mal, Brad. Du nimmst die Asche mit nach Winstel und ich mach hier meinen Job und sobald ich die Kohle habe, komm ich runter und wir fahren zusammen nach Memphis. Du und ich. Was meinst du? Ich glaube, Lilly würde das zu schätzen wissen."

„Und wie lange soll das dauern, bis du die Kohle hast? Zwei, drei Jahre oder was?"

„Ein paar Wochen höchstens. Ich habe eben diesen neuen Job angefangen. Ich fahr wieder 'nen Laster."

„Überland?"

„Kurzstrecken vorerst. Aber später krieg ich 'ne Überlandstrecke. Nordroute. New York – Seattle. Deswegen kann ich jetzt nicht weg. Probezeit, verstehst du. Wenn ich jetzt ein paar Tage abhaue, bin ich den Job los, selbst wenn sie sagen, das geht schon okay wegen dem Tod der Mutter und so."

„Okay", sagte ich. „Dann nehm ich sie mit zurück nach Winstel."

„Brad, ich vergess dir das nie, hörst du. Nie! Sag deiner Mutter einen Gruß, ja. Und melde dich, wenn du in Winstel bist. Oder ich melde mich. Klar?"

„Klar."

„Also ..."

„Ja."

„Wir sehen uns."

„Ja."

Es dauerte eine Weile, bis er auflegte. Ich legte auch auf, wohl wissend dass er mich liebte, aber er konnte mir das einfach nicht sagen. Meine Mutter öffnete ein Starmagazin, auf dessen Titelblatt Madonna abgebildet war. Ich weiß nicht, was mit meiner Mutter los ist. Auch heute noch nicht. Die redet nie über sich. Natürlich ist das nicht so schlecht, weil in Winstel die meisten Leute andauernd über sich reden. Wenn sie eines können, dann ist es das. Über sich reden. Und natürlich auch über andere. Mutter redet nie über sich. Ich glaube, die denkt sich ein Leben aus, über das es nichts zu reden gibt. Ein Leben mit den Stars. Wenn Johnny Depp sich Haarsträhnen einfärben lässt, dann ist das ihr Leben. Und wenn Madonna irgendeinen Scheiß über Kindererziehung quasselt, dann ist das auch ihr Leben. Und natürlich die Kennedys. All das Unglück, das diese Familie durchstehen muss. Der Fluch, der über ihr hängt. Und Elvis. Der lebt nämlich und wird immer wieder irgendwo gesichtet.

Wir waren nie eine Familie gewesen. Auch nicht an dem Tag als Lilly starb. Wir waren nur nach Memphis gekommen, weil ich Lilly noch einmal sehen wollte. Und dass mich Mutter begleitete, lag wohl daran, dass sie Angst hatte, ich würde Alesha wiedersehen und womöglich mit ihr abhauen. Deshalb war sie dabei. Damit ich nicht plötzlich durchdrehte, wie das einmal mein Vater gemacht hatte, als er uns verließ und nie mehr richtig zurückkehrte, nur ganz selten war er noch mal aufgetaucht, wenn er gerade keine andere Bleibe hatte. Deshalb war sie hier bei mir in diesem Hotelzimmer und las in einem Starmagazin das Exklusivinterview mit Tom Cruise.

„Was habt ihr ausgemacht?", fragte sie mich, ohne aufzublicken. „Er will kommen."

Jetzt hob sie den Kopf und sah mich an. Ihre Augen waren plötzlich merkwürdig hart und traurig zugleich.

„Hierher?"

„Nein. Ich soll die Asche mitnehmen nach Winstel. Dann kommt er und wir fahren mit dem Greyhound nach Memphis und streuen die Asche aus."

„Er und du?"

„Ja."

Sie lachte auf: „Brad, du weißt, dass du darauf eine Ewigkeit warten kannst."

„Er hat versprochen, dass er herkommt."

„Eine Ewigkeit, Brad“, wiederholte sie.

„Asche verdirbt nicht“, sagte ich.

Sie sah mich an, als wäre ich ihr danebengeraten. Ganz verzweifelt und irgendwie mitleidig.

Ich hasste das, wenn sie mich so ansah. Ich hasse das auch heute noch, obwohl sie mich nicht mehr so ansieht, seit ihr Mr. Blanchert, mein Englischlehrer, gesagt hat, dass ich wahrscheinlich meinen Weg gehen und ein Schriftsteller werden würde. Ich bin ihr Sohn, verdammt. Sie und er, mein Vater, haben mich gemacht. Wenn ich daneben bin, was sagt das über sie aus? Über ihr eigenes Leben und über das von mir und von Mitch. Ich meine, wenn ich daneben bin, dann sollten sie sich mal einen Spiegel vor die Nase halten. Beide.

„Asche muss man nicht im Kühlschrank aufbewahren“, versuchte ich ihr zu erklären. „Er kann kommen, wann er will.“

Ich glaube, sie verstand das. Auf jeden Fall hob sie die Schultern und las weiter. Sie mochte einfach nicht über ihn reden. Wenn sie Bock hatte, konnte sie jede Menge über Elvis reden. Aber sie hatte nie Bock, über meinen Vater zu reden, und das konnte ich ihr nicht einmal krummnehmen, nach dem, was mit Alesha passiert war, als er nach langer Zeit wieder einmal zurückkehrte und ein paar Tage bei uns bleiben wollte, weil es in Winstel sonst niemand gab, wo er hätte unterkommen können.

Wir fuhren also nach der Kremation nach Hause zurück und ich war einen Tag früher da, als ich zu Hanna am Telefon gesagt hatte. Ich rief sie nicht an. Natürlich wusste ich, dass das Knatsch geben würde, aber es war mir egal. Ich ging nach Hause und stellte die Urne auf das Bücherregal, zwischen Faulkner und Steinbeck und die alten Bücher von Lilly, in denen sie die Blütenblätter einer Rose aufbewahrt hatte. Dann rief ich Wayne an, meinen besten Freund, und ich sagte ihm, dass ich zurück sei und dass ich Lillys Asche mitgebracht hätte. Er wollte sie sehen, und so kam er her und ich machte die Urne auf, damit er einen Blick hineinwerfen konnte. Wayne kam richtig ins Grübeln, als er die Asche sah. Ich meine, Wayne war nie einer von denen, die sich keine Gedanken über das Leben und den Tod machen. Im Gegenteil, einmal saßen wir zusammen auf dem Wasserturm und er erzählte mir, dass er nicht mehr schlafen konnte, weil er mitten in der Nacht aufwache und nur noch daran denken könne, wie das sei, wenn man diese Welt verlasse und alles zurückbleibe, was man gern mitgenommen hätte. Am besten sei es, meinte er, wenn einer am Ende auf ein mittelmäßiges Leben zurückblicken könne, dann sei es wahrscheinlich leichter, dahinzuscheiden.

Keine Ahnung, wie Wayne auf solche Gedanken kommt. Bestimmt hat er eine reelle Chance, uralt zu werden. Seine Großeltern leben noch und er hat sogar einen Urgroßvater, der irgendwo in Kansas in einem Pflegeheim für Alzheimerpatienten untergebracht ist, weil er sich an nichts mehr erinnern kann, außer manchmal, wenn man ihn in die Sonne stellt. Ehrlich, das hat mir Waynes Großmutter gesagt, die auch schon über siebzig ist, aber rüstig wie ihre Tochter, Waynes Mutter mit vierzig.

Dass das stimmt, das mit der Sonne, meine ich, das weiß ich. Ich habe es auch mit Lilly erfahren. Immer wenn wir zusammen im Garten in der Sonne saßen, ging eine geheimnisvolle Veränderung in ihr vor. So, als ob die Sonne ihre Batterien neu aufladen könnte, allein durch ihr Licht und durch ihre Wärme.

Bei Waynes Urgroßvater ist das noch viel krasser.

„Wenn ich komme, kennt er mich nicht“, hat Wayne

mir erzählt. „Aber dann hol ich ihn raus aus seinem Zimmer und wir gehen an die Sonne, und du denkst ich glaubs nicht, aber es ist so wahr, wie ich jetzt neben dir hocke und dir diese Geschichte erzähle. Sobald er eine Weile an der Sonne gewesen ist, macht er die Augen ganz anders auf, und es ist, wie wenn da oben in seinem Kopf sich die Wolken lichten. Er kennt mich und sagt sogar meinen Namen, und wenn ich ihn dann zurückbringe in sein Zimmer, hat er schon alles wieder vergessen. Man müsste ihn immer in der Sonne stehen lassen, aber das geht nicht, glaube ich, weil es in Kansas manchmal regnet."

So ist das mit Waynes Urgroßvater. Zum Glück hat Lilly nie Alzheimer gekriegt. Sie liebte es einfach, im Garten in der Sonne zu sitzen. Sie konnte sich immer an alles erinnern, sogar an Dinge, die völlig unwichtig schienen. Aber ich lernte, auf ihre Worte zu achten, nahm sie alle auf wie ein Schwamm, um sie nie mehr loszulassen, bis ich sie daheim aufschreiben konnte.

Wenn Lilly in ihren Erinnerungen fand, wonach sie suchte, dann redete sie meistens über JB. Über die Liebe. Die einzige wahre Liebe in ihrem Leben. Und über das große Unglück, durch das ihre Liebe unsterblich wurde.

3. KAPITEL
AUSGELATSCHTE SCHUHE

Ich war ein magerer knochiger Junge damals, als ich Lilly zum ersten Mal besuchte.

Zusammen mit meinem Vater, der ein paar Tage vorher aus irgendeinem Knast in Oregon entlassen worden war. Plötzlich rief er mich an und sagte, Junge, heute komm ich vorbei und dann besuchen wir deine Großmutter.

Meine Großmutter? Ich musste mir erst mal überlegen, wer das war. Meine Großmutter. Seine Mutter. Jeeesus, an die hatte ich schon so lange nicht mehr gedacht, dass sie meinen Erinnerungen beinahe entschwunden war.

Er kam tatsächlich, holte mich ab und wir fuhren zusammen mit einer Blondine, an deren Namen ich mich nicht mehr erinnern kann, nach Memphis. Alles, an was ich mich besonders gut erinnern kann waren ihre prallen Titten, ihre kirschenroten Lippen und ihre Pumps, die sie auszog und einen nach dem anderen über die Rücklehne der Sitzbank warf, direkt in meinen Schoss. Die beiden haben gut zueinander gepasst, mein Vater und sie, mein Vater mit seiner dunklen Sonnenbrille, sein Kraushaar dick mit Brillantine eingeschmiert und so glatt es nur ging zurückgekämmt, und seinem weißen Hemd, das mindestens zwei Nummern zu groß war und ihm lose über die Hose herunterfiel. Das coolste aber, das ich an ihm bemerkte, waren die blauen Wildlederschuhe. Dem Typ, der diesen berühmten Song geschrieben hat, musste mein Vater, James Fletcher, im Kopf herumgespuckt haben, mein Vater der diese coolen Schuhe anhatte, als wir damals zusammen in diesem Cabrio-Schlitten von Texas nach Tennessee fuhren, Blondie neben meinem Vater, wirbelnder Fahrtwind unter ihrem Rock und dem Halstuch, das sie sich eng um den

Kopf geschlungen hatte damit ihre blonden Locken nicht durcheinander gerieten, und ich auf dem Rücksitz, mit dem Wind in meinem Haar und ihren Pumps in meinem Schoss.

Fetzen von Country Musik aus dem Autoradio flogen mir um die Ohren, ein kurzer Blick meines Vaters im Rückspiegel und Blondies leuchtend weißen Füßen mit den blutroten Zehennägeln auf dem Armaturenbrett.

Mein Vater legte zu jener Zeit immer viel Wert darauf, nicht wie – so nannte er es – ein gottverdammter Nigger auszusehen aber alle seine Anstrengungen, wie ein Weißer auszusehen waren vergeblich. Er hatte zwar Lillys blaue Augen, aber seine Haut war eine Schattierung zu dunkel damit er in einer Country-Tanzbar nicht aufgefallen wäre.

Wir brauchten zwei Tage bis nach Memphis. Eine Nacht verbrachten wir in einem billigen Motel. Ich musste auf einem durchgelegenen Sofa schlafen, in einem Zimmer für Drei und mit Jesus über mir an der Wand hängend und mit einer krachenden Klimaanlage, die voll auf eiskalt aufgedreht war.

Ich hörte die beiden im Doppelbett unter der Flickendecke herummachen, kichernd und flüsternd und stöhnend. Beide dachten wohl, ich wäre eingeschlafen, aber wenn sie genau hingeschaut hätten, hätten sie mich vor Kälte zittern sehen können, und als sie schließlich fertig waren, sah ich Blondie nackt im Mondlicht und auf Zehenspitzen ins Badezimmer schleichen, während mein Vater im Bett sitzend eine Zigarette rauchte.

Als wir dann Memphis erreichten, schickte Vater die Blondine bummeln und wir fuhren in seinem Chevy-Cabrio zum Heim, von dem ich damals nicht wusste, dass es ein Heim war, und Vater fragte die Dame von der Anmeldung nach Lilly und die Dame fragte ihn, wen sie melden dürfe, und er sagte ihr nicht einmal seinen vollen Namen oder dass er Lillys Sohn war, sondern er antwortete nur: „Sagen Sie Lilly, Jim ist da."

Wir warteten unten und der Beo war damals auch schon da und fragte meinen Vater, ob er Bock auf Kaviar hätte, und mein Vater versuchte ihm ganz leise beizubringen, ‚Scheiße' zu sagen, während ich drei alten Männern und einer Frau zusah, die an einem runden Tisch saßen und einander argwöhnisch beobachteten, alle vier mit einer Tasse Kaffee und einem Stück Kuchen vor sich auf dem Tisch. Daran kann ich mich noch gut erinnern. Wie der eine, der in einem Rollstuhl saß, langsam einnickte und wie ein anderer, der ihm direkt gegenübersaß, ihm ein Stück Kuchen klaute. Ich traute meinen Augen nicht, und weil ich damals noch über ein intaktes Gerechtigkeitsempfinden verfügte, machte ich meinen Vater auf das aufmerksam, was am Tisch passierte, und mein Vater sagte nur, dann solle ich den alten Knacker im Rollstuhl wecken, wenn mir das so wichtig wäre. Ich traute mich nicht hinzugehen, weil einer von ihnen andauernd furzte, aber dann wachte der im Rollstuhl auf und natürlich bemerkte er, dass von seinem Kuchen ein Stück fehlte, und er bezichtigte den Falschen, ihn beklaut zu haben, und die Frau schrie, dass sie das alles nicht mehr aushalten könne, dieses Gezeter um ein Stück Kuchen. Eine Schwester kam und bat um Ruhe, und sofort verstummten die Alten, vielleicht weil die Schwester sie sonst gegen die Schienbeine getreten hätte, und der Beo krächzte ‚Meise' anstatt ‚Scheiße'. Ich fiel fast vom Stuhl, als ich Sekunden später mit ansehen musste, wie der Alte im Rollstuhl dem Alten, der links von ihm saß, auch ein Stück Kuchen vom Teller klaute, weil dieser trotz seiner Furzerei eingeschlafen war.

Die Alte begann wieder zu keifen und mein Vater wollte

wissen, was denn jetzt passiert sei, aber ich sagte es ihm nicht, weil ich jetzt ziemlich verstört war, und am liebsten wäre ich hinausgelaufen und mit der Blondine durch die Stadt gebummelt, aber dann erschien Lilly, klein und zierlich, und ich erinnere mich noch, dass sie nur ein paar graue Strähnen im Haar hatte und dass ihre Haut ziemlich glatt war und nur mit wenigen Flecken.

Mein Vater ließ vom Beo ab und Lilly musterte ihn, wie Mütter ihre Söhne mustern, wenn sie aus dem Knast kommen, und dann fragte sie ihn, man muss sich das mal vorstellen, sie fragte ihn, ob er genug zu essen gekriegt hätte.

„Du bist mager geworden, mein Sohn“, sagte sie, und er sagte, dass er sogar zugenommen hätte, er zeigte auf sein Bäuchlein und dann zeigte er auf mich und sagte: „Das ist mein Sohn Brad“, und sie musterte mich und nickte nur und sagte, dass sie mich das letzte Mal als Baby gesehen hätte.

Das stimmte. Wir hatten damals noch in Memphis gelebt und sie war noch nicht in einem Heim gewesen, aber ich konnte mich nicht mehr an sie erinnern.

Wir blieben zum Glück nicht lange. Wahrscheinlich wären wir länger geblieben, wenn es etwas zu reden gegeben hätte. Aber was hätte mein Vater der alten Dame schon erzählen können? Der lebte ein Leben, über das es nichts zu erzählen gab. Das begriff ich schon damals, obwohl ich damals über einen noch recht geringen Verstand verfügte. Weibergeschichten. Knastzeit. Motelbetten. Landstraßen, die nirgendwohin führten, schon gar nicht zurück nach Winstel.

Und Lilly erzählte nur, dass sie eigentlich froh war, nicht mehr bei ihrem Sohn Lewis und seiner Frau Lizette leben zu müssen. Und sie versicherte meinem Vater immer wieder, dass es ihr hier gut ginge. Das Pflegepersonal sei nett.

Und sie kriege erstklassige ärztliche Betreuung, falls sie einmal krank würde. Und der Garten sei wunderbar, dafür, dass sie erst seit einem halben Jahr hier sei, habe sie sich schon ganz gut eingewöhnt.

Ich weiß nicht, warum ich schon damals spürte, dass sie nicht dorthin gehörte. Ich meine, ich war damals ein Knirps. Keine Ahnung von nichts. Und trotzdem hätte ich die alte Dame am liebsten bei der Hand genommen und hinausgeführt, in den Sonnenschein.

Vierundsechzig Jahre alt war sie damals, aber für mich war das nichts. Ich konnte damals keine vierundsechzig Jahre zurückdenken. Heute ist das einfacher. Der Erste Weltkrieg ging zu Ende, als Lilly geboren wurde. Die Menschen jubelten. Der Friede sollte ewig währen.

Beim Hinausgehen sah ich nur noch, wie der Alte im Rollstuhl dem Furzer Kaffee klaute, und die Alte war inzwischen auch eingenickt, und der andere, der, der bis jetzt noch nichts geklaut hatte, klaute ihr jetzt ein Stück vom Kuchen, und erst in diesem Moment begriff ich, dass das ein Spiel war und nichts sonst.

Ich vergaß Lilly und die vier Alten nicht mehr, aber ich war froh, dass Vater mich nie mehr abholte, um Lilly zu besuchen. Hin und wieder dachte ich an sie. Vor dem Einschlafen. Oder wenn ich irgendwo bei uns in Winstel alte Leute sah. Aber jedes Mal, wenn ich an sie dachte, versuchte ich sie schnell wieder zu vergessen, weil es ein merkwürdig ödes Gefühl war, an sie zu denken und an das Heim und die alten Leute überhaupt.

Manchmal, wenn ich an Lilly dachte, war ich mir sicher, dass ich so was nie tun könnte mit meiner Mutter. Ich meine, sie in ein Heim stecken und dann dort langsam verkommen lassen, wie das mein Vater tat. Ich kann nicht sagen, dass ich meiner Mutter gegenüber besonders liebevolle Gefühle verspürte, aber ich hätte sie nie im Stich gelassen. Was meinen Vater betrifft, so hatte ich damals kein klares Bild von ihm. Er war nie da. Trieb sich herum. Mutter nannte ihn einen Schürzenjäger und manchmal nannte sie ihn auch was Schlimmeres, aber ich wünschte mir oft, er wäre hergekommen und hätte mich weggeholt, weg aus Winstel, irgendwohin, wo er lebte, in einen Wohnwagen irgendwo, wo Leute in Wohnwagen lebten, und ich wünschte, er hätte mir Geschichten aus seinem Leben erzählt, vom Krieg in Vietnam, von seinen Frauen, von den Schrottautos, die er eigenhändig herrichtete, bis sie dastanden wie neu, und ich wollte aussehen wie er, mein Haar genauso kämmen wie er, links gescheitelt, mit einer Pomadentolle, wie sie damals Elvis hatte, als Mutter noch nicht meine Mutter war, sondern ein kleines Mädchen, und ich freute mich, wenn er mir seine ausgelatschten Schuhe brachte und sagte, dass ich sie eines Tages, wenn ich in der Lage wäre, nicht mehr auf meine Schuhe zu pinkeln, tragen könne.

Ich sammelte seine Schuhe. Sie lagen alle unter meinem Bett, bis ich sie tragen konnte, und als ich sie tragen konnte, noch immer zwei Nummern zu groß und vorne mit Zeitungspapier ausgestopft, wunderten sich die Leute in Winstel über mein exklusives Schuhwerk, und ich ging herum wie ein Pfau und passte beim Pinkeln immer besonders auf.

4. KAPITEL
ALESHA BABY

Fast vierzehn war ich, als ich Alesha begegnete. Einige lange Jahre waren seit meinem ersten Besuch bei Lilly vergangen.

Es war um diese Zeit herum, in der mir Mrs. Ledbetter weinend von den Zwillingen erzählte und Mr. Ledbetter glaubte, seine Tochter Hanna vor mir und meinem ungehörigen Verlangen, demnächst mit ihr zu schlafen, schützen zu müssen.

Zum neunundsechzigsten Geburtstag von Lilly hatte Mutter eine Feier arrangiert, die eigentlich erst nächstes Jahr, zu Lillys Siebzigstem, hätte gefeiert werden sollen. Mutter hatte sich im Geburtsjahr der alten Dame um ein Jahr vertan, was aber nicht weiter schlimm sei, meinte meine Mutter, weil in Lillys Alter ohnehin nichts mehr eine große Rolle spiele, außer das Sterben.

Die Feier fand bei uns zu Hause statt. In Winstel. Und Mutter hatte alle dazu eingeladen, auch meinen Vater. Der war zu jener Zeit irgendwo in Kalifornien unterwegs, lebte mit einer Freundin zusammen, die er nicht mitbrachte, weil er uns arme Schlucker ihr nicht zeigen wollte. Zu jener Zeit hatte er Kohle. Wie er dazu gekommen war, sagte er uns nicht. Vielleicht hatte es seine Freundin für ihn angeschafft. Egal wie, er brachte uns sogar Geschenke. Meinem Bruder Mitch eine Sammlung winziger Matchbox-Autos und mir einen CD-Player. Ich trug Vaters Schuhe und war mächtig stolz.

„Was sind denn das für dämliche Schuhe, die du trägst", wunderte er sich.

„Deine", sagte ich und war den ganzen Tag geknickt.

Lilly feierte mit uns und wir feierten mit ihr. Das war das letzte Mal, dass alle zusammen waren. Das letzte Mal, dass Vater mit Lilly tanzte und Onkel Lewis meiner Mutter einen Kuss gab. Alles stimmte an jenem Tag, den ich nie mehr im Leben vergessen werde, weil plötzlich Alesha da war und ich zuvor noch nie ein schöneres Mädchen gesehen hatte. Das heißt, ich wusste damals nicht genau, ob sie noch ein Mädchen oder schon eine Frau war, aber ich sah, wie Vater beinahe ausflippte, als sie auf ihren langen Beinen hereinstiefelte, in ihrem kleinen bunt karierten Minirock und der beinahe durchsichtigen Bluse, durch die sich der BH abzeichnete, und ihr Haar tanzte um ihr Gesicht herum, als verfügte es über ein Eigenleben. Sie lachte und tanzte mit Lilly, und Vater schlich um sie herum wie ein hungriger Fuchs um ein eingesperrtes Huhn, aber sie schien ihn nicht zu beachten. Sie tanzte in ihrem bunten Miniröckchen mit Lilly und dann tanzte sie mit meiner Mutter und mit meinem Bruder und ich wurde beinahe ohnmächtig, als sie auf mich zukam und mich beim Arm nahm.

Sie brachte mir das Tanzen bei. Ehrlich. Sie zeigte mir jeden Schritt, und ich starrte an ihren langen nackten Beinen entlang auf ihre kleinen Füße hinunter, die in spitzen Cowboystiefeln steckten, mit hohen hinten abgeschrägten Absätzen, und manchmal, wenn wir uns nahekamen, berührte sie mich mit ihren Brüsten am Kopf, einfach so, berührte mich und lachte und mir wurde so schwindelig, dass ich mich an ihr festhalten musste.

Hanna war auch da. Und die Ledbetters, weil meine Mutter eine hohe Achtung vor Mr. Ledbetter hatte und einen kleinen Kredit auf der Bank, den sie nur sporadisch abbezahlen konnte.

Ich glaube, Mr. Ledbetter, von dem ich mich die ganze Zeit argwöhnisch beobachtet glaubte, kam auf die hinterletzten Gedanken, während er mir beim Tanzen mit Alesha zusah. Vermutlich glaubte er in mir einen von der Lust gebeutelten Teenager zu erkennen, womit er sogar Recht hatte. Wahrscheinlich nahm er sich, während ich von Alesha verzaubert wurde, erst recht vor, zwischen mir und seiner Tochter Barrikaden zu errichten. Hanna hingegen wurde richtig sauer, weil ich mich zu wenig um sie kümmerte.

Alesha kam aus Dickens, der County-Hauptstadt, und meine Mutter kannte sie von der Arbeit her. Sie war eine Krankenschwester und das merkte man sofort, weil sie es besonders mit Lilly gut konnte und auch mit den anderen älteren Leuten, aber meinen Vater schien sie nicht einmal wahr zu nehmen. Er schaffte es nicht, das auf die Dauer zu schlucken und so betrank er sich, und als er stockvoll war, ich meine sturzkanonenvoll, da ging er zu ihr und packte sie einfach am Handgelenk.

„Jetzt tanzen wir beide, Baby", hörte ich ihn lallen und sie sagte nur, dass er ihr Handgelenk loslassen solle. Er lachte und legte einen Arm um ihre Taille. Ich sah, wie sie ihren Oberkörper zurückbog, als er ihr einen Kuss geben wollte, und da klebte sie ihm eine, und zwar blitzschnell und so gekonnt, dass er keine Chance hatte, sich wegzuducken oder so. Er taumelte und fiel hin. Lewis half ihm auf die Beine und Lilly verlangte von ihm, dass er sich bei Alesha entschuldigte.

Das tat er. Mit Verbeugung.

„War nicht so gemeint", sagte er und lachte, und die Sache wäre eigentlich vergessen gewesen, aber sie war eben nicht vergessen, weil mein Vater Alesha nicht mehr vergessen konnte. Er gab sich zwar während der Feier alle Mühe, sie in Ruhe zu lassen, aber irgendetwas stimmte nicht mehr. Ich verzog mich nach dem Abendessen in mein Zimmer und holte den Schuhkarton mit den alten Fotos hervor, bei denen auch ein paar uralte Bilder von Lilly waren.

Ich war dabei, die Fotos zu betrachten, als Hanna in

mein Zimmer kam. Ohne anzuklopfen. Ich ließ die Bilder sofort verschwinden.

„Was machst du hier oben?", fragte sie.

„Nicht viel", sagte ich.

„Warum kommst du nicht runter und tanzt mit mir?"

„Weil mir die Augen deines Vaters wie Kletten am Rücken hängen."

„Ah, jetzt ist es mein Vater, der zwischen uns steht, Bradley."

Ich schwieg. Da kam sie zu mir und warf sich aufs Bett.

„Ich will dich glücklich machen, Bradley", sagte sie mit einer merkwürdig klebrigen Stimme. „Komm, küss mich."

Ich beugte mich über sie und wir küssten uns und sie schlang ihre Arme um mich und drückte mir beinahe die Luft ab.

Es war das erste Mal, dass sie so wild auf mich war, und ich wurde ziemlich scharf auf sie und fing an, ihr die Bluse zu öffnen. Sie ließ es zu, bis ich ihr den BH hochschieben wollte. Wie immer, wenn ich innerlich schon fast explodierte, stieß sie meine Hand von sich und richtete sich auf.

„Nicht jetzt, Bradley", sagte sie auch dieses Mal, aber wie zufällig legte sie mir die Hand auf die Hose und ich lag still, mein Penis hart wie ein Stock, und sie drückte ihn, was sie noch nie getan hatte, lachte und sprang vom Bett.

Ich blieb liegen, während sie ihren BH zurechtschob und die Bluse zuknöpfte. Dann ging sie hinunter und ich lag auf dem Bett und dachte an Alesha. Wie ein Traum war das. Völlig unwirklich. So, wie ich sie mir vorstellte, konnte sie gar nicht sein. So scharf auf mich und so verführerisch. Immerhin war sie ein paar Jahre älter als ich und wahrscheinlich nicht daran interessiert, sich mit einem vierzehnjährigen Jungen einzulassen. Aber ich konnte nicht aufhören, mich von ihr verführen zu lassen. Schließlich ging ich auf die Toilette und holte mir einen runter und ich brauchte mich überhaupt nicht anzustrengen, so zu tun, als wäre sie es, die bei mir war.

Später zog ich die Schachtel wieder unter dem Bett hervor, holte die Fotos heraus und betrachtete sie.

Auf einem der Fotos, auf dem mit dem kleinen Haus, das irgendwo am Rande eines Maisfeldes stand, war ein Mann abgebildet, den ich nicht kannte, aber den Namen, der hinten auf dem Foto stand, hatte ich von uns zu Hause schon mehrmals gehört: JB.

5. KAPITEL
NIGGER SIND SCHWARZ

Die Geschichte von JB begann lange bevor ich auf der Welt war. Das erste Mal hörte ich von ihm, als ich etwa sechs Jahre alt war und meine Mutter mit meinem Vater in einen Streit geriet, während wir zwei, mein Bruder und ich, im Bett lagen und einzuschlafen versuchten.

Diesen Streit vergesse ich nie. Es war das erste Mal, dass mein Vater meine Mutter schlug. Er legte Hand an sie, hieß es später in den Gerichtspapieren, die ich zufällig in einem Umschlag fand, den meine Mutter im Wohnzimmerschrank aufbewahrte.

Ich wusste damals nicht, was los war. Vater kam nach Hause. Nicht so spät wie sonst oft. Und er war auch nicht betrunken. Aber meine Mutter roch etwas an ihm, was sie durchdrehen ließ. Sie nannte meinen Vater einen Nigger. Ich hörte es deutlich, obwohl ich den Kopf unter der Decke vergraben hatte und Mitch bei mir im Bett lag und schluchzte, weil er immer in eine Art Panik geriet, wenn unsere Eltern sich stritten.

„Ich hasse dich, du verfluchter Nigger! Du meinst du siehst nicht aus wie ein Nigger, aber trotzdem bist du einer, einer wie dein Vater, JB!“

Meine Ohren hörten dies alles so deutlich, als wäre ich es gewesen, den Mutter anschrie, aber mein Kopf verstand das nicht.

Und dann schlug mein Vater zu und meine Mutter schrie und mein Vater schrie und plötzlich wurde es totenstill im Haus und ich dachte, jetzt haben sie sich gegenseitig umgebracht. Ich schlich mich aus dem Zimmer, aber Mutter war nicht tot, hatte nur ein blaues Auge und saß vor der Glotze, wo irgendein Elvis-Film lief, sie glotzte nur mit einem Auge, das andere unter einem Plastikbeutel mit Eiswürfeln aus dem Kühlfach.

„He", sagte ich und sie erschrak und dann winkte sie mich zu sich und ich setzte mich neben sie und sie legte einen Arm um mich und begann zu weinen.

Ich fragte sie, wer JB sei, aber sie weinte nur, und dann kam Mitch herein und setzte sich auf die andere Seite von ihr, und sie legte den Eisbeutel weg und hielt uns beide fest und sagte, dass sie etwas zu Vater gesagt hätte, was sie nie hätte sagen dürfen, und dass sie sich für sich schämte und wir uns keine Sorgen machen sollten wegen Vater, weil sie alles wieder gutmachen würde, wenn er nach Hause kam.

Aber Vater kam nicht nach Hause. Mutter ärgerte sich so sehr darüber, dass sie ihn wegen Körperverletzung verklagte, und einige Wochen später, als er nach Hause zurückkehrte, gab es eine Anhörung vor dem Familiengericht und von da an war unsere Familie keine richtige Familie mehr, glaube ich, weil einfach nichts mehr stimmte.

Auf jeden Fall stritten sich meine Eltern häufiger als zuvor, aber mein Vater rührte meine Mutter nie mehr an. Und oft, wenn sie sich stritten, hörte ich den Namen JB, der ja kein richtiger Name ist, sondern nur zwei Buchstaben, von denen ich keine Ahnung hatte, dass sie die Anfangsbuchstaben eines Namens waren, nämlich von John Bradley. Wer das war, wusste ich nicht, aber es ließ mir keine Ruhe mehr, und später, als Vater schon nicht mehr bei uns war, fragte ich Mutter eines Tages noch einmal, dieses Mal ganz harmlos, wer JB sei, und sie blickte mich an, als hätte ich mich eben mit irgendeinem unheimlich gefährlichen Virus infiziert oder so was, und dann sagte sie, frag mich lieber nie mehr nach ihm, Sohn, und ich fragte sie nie mehr nach ihm, weil ich nicht krank werden wollte.

Meine Mutter nahm damals einen Job als Serviererin im

Tripple-T Truck Stop in Dickens an, und Hanna Ledbetter, in die ich mich schon in der ersten Klasse verliebt hatte, hatte jede Menge Pickel im Gesicht und trug einen mit Schaumgummipuffern ausgestopften BH, und außerdem spielte sie bei den Sidewinders, einem der ersten Mädchenfußballteams in unserer Gegend, im offensiven Mittelfeld.

Ich hieß damals noch Fletcher. Das war mein Name. Mein Vater hieß Fletcher und da ich sein Sohn war, hieß ich auch Fletcher. Erst später, als meine Mutter McDelcott nach Hause brachte und zu Mitch und mir sagte: „Das ist Mr. McDelcott und er ist euer neuer Vater", worauf ich murrte: „Ich brauch keinen, weil ich schon einen habe", erinnerte sich Mutter wieder daran, dass wir auch eine Großmutter hatten, die inzwischen schon ziemlich alt war und über ein kleines Vermögen verfügte, das sie nicht mit sich ins Grab nehmen konnte, weil Totenhemden keine Taschen haben. So erklärte sie es uns, Mitch und mir, sehr zum Missfallen von McDelcott, der es jedoch nicht wagte, meiner Mutter zu widersprechen oder ihr auch nur einen Ratschlag zu geben.

„Brad, du wolltest doch immer wissen, wer JB ist. Warum gehst du nicht zu ihr und fragst sie mal. Ich bin sicher, Lilly brennt darauf, dir von JB zu erzählen. Und übrigens, mein Sohn, trägst du noch immer ihren Namen."

Hallo! Ich dachte erst, ich hör nicht recht. Lilly besuchen. Die Alte war sicher schon so alt, dass ihr Gedächtnis längst Löcher hatte wie ein Schweizer Käse. Und falls sie sich überhaupt noch daran erinnerte, dass wir existierten, wollte sie ganz bestimmt nichts von uns wissen. Mein Vater war einmal ihr Lieblingssohn gewesen, bis er uns hierher nach Texas brachte und sie in Memphis, sozusagen in der Obhut ihres jüngeren Sohnes Lewis, der mein Onkel war, zurückließ. Und Lewis hatte sie dann später ins Heim gesteckt, weil seine Frau, eine Ziege namens Lizette, die alte Dame nicht mehr zu Hause haben wollte. Eine ganz gewöhnliche Familiengeschichte war es, meiner Auffassung nach.

Ich sagte meiner Mutter, dass ich mich nicht einmal mehr recht an Lilly erinnern konnte, was natürlich gelogen war, und sie lachte und sagte, dass ich doch mit allen Leuten so gut zurecht käme und mich vor der alten Dame nicht zu fürchten bräuchte.

„Bradley, ich weiß, dass die alte Dame große Stücke auf dich hält."

Auf mich? Keine Ahnung, was sie damit meinte. Was war ich denn? Ein ziemlich eigenartiger Knilch, der in der High-School weder Baseball noch Football spielte, der Mädchen beim Fußball zuschaute, weil Hanna mitspielte, und jede Menge Bücher las, die von ziemlich wirren Schriftstellern wie Cormack McCarthy oder Tom Spanbauer geschrieben wurden.

Mein Vater glaubte, ich sei ein verquerer Intellektueller, der sich beim Pinkeln auf der Toilette hinsetzte, um die Brille nicht zu verpissen, wie er es tat. Er konnte das nicht fassen. Für ihn war das fast wie ein Verrat am Mannsein, was immer das auch bedeuten mochte. Früher hatte er mir einmal beim Pinkeln zugeschaut und ich glaube, mich so zu sehen, auf dem Klo sitzend, hatte ihm Höllenqualen bereitet, und so befahl er mir, fortan stehend zu pinkeln, und als ich es versuchte, pinkelte ich mir über die Schuhe, die zum Glück noch keine von seinen waren.

„Irgendwann wirst du es schon hinkriegen", hatte er mich getröstet.

Ich trug seine Schuhe, als ich Lilly zum ersten Mal allein besuchte.

Irgendwann nach der Geburtstagsfeier war das. Vater war

wieder einmal spurlos verschwunden. Alesha lebte auch nicht mehr in Dickens. Das Gerücht ging um, sie wäre mit einem neuen Geliebten, einem Tierarzt aus Tennessee, nach Memphis gezogen. Ausgerechnet nach Memphis, aber das hatte ehrlich nichts damit zu tun, dass ich beschloss, Lilly zu besuchen. Mit Hanna hatte ich zu jener Zeit Knatsch, weil ich ihr sagte, dass ich keinen Bock hatte, nach der High-School in drei Jahren auf ein College in Texas zu gehen und dass ich viel lieber nach Chicago gehen würde. Ich beschloss, einfach nach Memphis zu fahren. Allein.

Meine Mutter lobte mich für meinen Mut und kaufte mir in Dickens beim Trödler einen Seesack.

„Die alte Dame wird dir wahrscheinlich einmal ihr Vermögen hinterlassen", sagte mir meine Mutter zum Abschied.

„Ich brauch kein Vermögen", antwortete ich ihr, nicht wissend, was für ein Geschenk ich tatsächlich von Lilly erhalten würde.

6. KAPITEL
BEGEGNUNG IN BATON ROUGE

Mutterseelenallein fuhr ich also nach Memphis. Bei diesem Besuch erzählte mir Lilly zum ersten Mal von JB.

Es war ein wunderschöner Herbsttag, der Himmel wolkenlos und der Nachmittag so warm, dass ich meine Shorts trug und ein Hemd mit kurzen Ärmeln. Und Lilly trug ein hellblaues, mit dunkelblauen Blumen gemustertes Kleid und weiße Socken und neue Schuhe, und ihr Haar war silbern und glänzte. Ich kam direkt vom Haus meines Onkels Lewis und sie fragte mich nicht nach ihm oder nach seiner Familie, sie blickte mich nur an und sagte: „Ich werde dir eine Geschichte erzählen, Bradley, die ich nie jemandem erzählt habe."

Ehrlich gesagt, ich hatte es erwartet. Keine Ahnung warum, aber ich dachte die ganze Zeit nur daran, sie nach JB zu fragen, und dann sagte sie plötzlich, dass es in ihrem Leben nur einen Mann gegeben hatte, den sie wirklich geliebt hatte.

„JB", sagte ich.

Sie lächelte.

„Komm, Bradley, wir gehen in den Garten hinunter und setzen uns an die Sonne."

Das taten wir. Wir setzten uns unten im Garten auf eine Bank in der Sonne dieses Herbstnachmittages, und niemand glaubt es mir, aber Lilly blühte in der Wärme und im Licht der Sonne auf wie eine Blume, die im Schatten kaum die Kraft fand, den Kopf zu heben.

„Obwohl du nicht wie JB aussiehst, erinnerst du mich an ihn", sagte sie. „Es sind die Augen. Das Leben in ihnen, nicht die Farbe. So viel Leben. So viel Leidenschaft und Freude. Ich dachte, nichts wird ihn jemals aufhalten können, aber ich wusste nicht, wie leicht es sein würde, alles zu zerstören."

Ich hatte natürlich keine Ahnung, wovon sie sprach, und sie sah es mir an und lehnte sich zurück, sodass ihr die Sonne ins Gesicht schien. Sie lächelte und schloss ihre Augen und so saß sie neben mir, mehrere Minuten lang, die Hände im Schoß, den Kopf leicht zurückgelegt und dieses sanfte Lächeln im Gesicht. Ich dachte, sie wäre eingeschlafen und berührte sie an der Hand, und ohne die Augen zu öffnen sagte sie: „Ja, eines Tages werde ich ihn wiedersehen und es wird der schönste Tag meines Lebens sein."

„Wo ist er?", fragte ich sie, als brauchten wir nur einfach irgendwo hinzufahren, um JB einen Besuch abzustatten.

Ich glaube, er ist nicht mehr unter uns", sagte sie, und ich wunderte mich darüber, weil sie doch eben gesagt hatte, dass sie ihn eines Tages wiedersehen würde und dass dieser Tag der schönste ihres Lebens sein würde.

„Du meinst, dass er tot ist?", fragte ich sie.

„Das kann gut sein. Er war einige Jahre älter als ich. Bestimmt sieben oder acht Jahre müssen es gewesen sein. Auf jeden Fall hatte er bereits ein paar vereinzelte silberne Haare, als ich ihm zum ersten Mal begegnete. Das war unten im Süden, in Baton Rouge. Da sollte ich das College besuchen und mein Vater und meine Mutter fuhren mit mir hin, um sich das College anzuschauen. Ich war siebzehn damals, und er war, glaube ich, fünf- oder sechsundzwanzig. Ich sah ihn in einem Restaurant, und gleich als ich ihn sah, wollte mein Herz zerspringen. Ich konnte nicht anders, als ihn immer wieder anzusehen. Wir aßen in diesem Restaurant, mein Vater, meine Mutter und ich, und ich kann mich noch gut an das Gesicht meines Vaters erinnern, der mich nicht aus den Augen ließ und natürlich sofort merkte, was los war. Er sagte nichts. Er beobachtete mich nur und manchmal blickte er zum anderen Raum hinüber, der von unserem Raum abgegrenzt war, weil sich in unserem Raum nur weiße Gäste aufhalten durften und im anderen nur schwarze, und JB war einer der wenigen Schwarzen, er saß an einem der Tische, zusammen mit einem anderen Schwarzen und einer Frau, und er schaute einmal ausgerechnet herüber, als ich hinüberblickte, und mein Vater bemerkte, dass sich unsere Blicke kreuzten, und er bemerkte auch, was das bedeutete, und er bot mir an, mit Mutter den Platz zu tauschen, sodass ich dem anderen Raum den Rücken hätte zukehren können, aber ich sagte ihm, dass ich gern auf diesem Platz säße.

Wahrscheinlich hätte ich JB nie mehr gesehen, wenn mein Vater nicht die Dummheit gemacht hätte, unseren Kellner nach dem jungen Schwarzen zu fragen, der im anderen Raum saß und sich lachend mit seinen Tischnachbarn unterhielt und hin und wieder herüberblickte und mein Herz zum Poltern brachte.

Das ist JB Swift, sagte der Kellner.

Und wer ist JB Swift?, fragte ihn mein Vater.

Der Kellner überlegte einen Augenblick und sagte dann, dass JB Swift trotz seiner jungen Jahre schon beinahe eine Legende sei, besonders hier in Louisiana, aber auch in Mississippi und in Arkansas und in Tennessee und sogar im Osten von Texas.

Wieso eine Legende?, fragte mein Vater.

JB Swift ist ein Mann des Blues, erklärte ihm der Kellner.

Mein Vater wusste, was das war, der ‚Blues', obwohl natürlich niemand in unserem Haus erlaubt war, im Radio den ‚Blues' zu hören, weil der ‚Blues' Niggermusik war, wie man das damals vor dem Krieg nannte, und Niggermusik war nur etwas für Farbige und für weißen Müll, wie wir jene heruntergekommenen Leute bezeichneten, die zwar eine weiße Hautfarbe hatten, aber nicht so richtig in unsere Gesellschaft passten.

JB Swift. Er verließ das Restaurant, bevor wir mit dem Essen fertig waren, und er verließ es nicht durch die Tür, die für die Schwarzen bestimmt war, er kam durch unseren Raum, der ihm und seinesgleichen verboten war, und er kam direkt auf unseren Tisch zu und ich sah, wie meinem Vater der Schweiß ausbrach, sah seine Stirn glitzern, und meine Mutter, die JB nicht sehen konnte, weil sie mit dem Rücken zum anderen Raum saß, wurde unruhig und sah mich ängstlich an. Ich wagte es kaum, ihn anzusehen, wagte es kaum, den Kopf zu heben, aber ich sah ihn auf unseren Tisch zukommen, und Bradley, du wirst es nicht glauben, aber mein Herz hörte auf zu schlagen, als er vor unserem Tisch stand. Er trug einen braunen Anzug mit feinen Nadelstreifen und einen Hut und weiß-braune Schuhe, wie sie damals in Mode waren, und in seinem Knopfloch steckte eine Rose, eine dunkelrote Rose.

Sir, sagte er zu meinem Vater, Sir, erlauben Sie mir, Ihnen meinen Respekt zu erweisen, indem ich Ihrer wunderschönen Tochter die Rose schenke.

Mein Herz schlug nicht mehr. Ich dachte, ich sterbe und falle vom Stuhl, als er die Rose vom Revers seines Jacketts nahm und sie mir mit einem strahlenden Lächeln hinhielt.

Und ich nahm sie. Ich weiß nicht, was mich dazu brachte, sie ihm aus der Hand zu nehmen, und was Vater dazu brachte, nicht nach der Polizei zu rufen. Und ich weiß nicht, warum Mutter nicht ohnmächtig wurde. Ich weiß nur, dass ich ihm in die Augen sah, und es war der gleiche Ausdruck in seinen Augen wie in diesem Moment in deinen, Bradley, die gleichen Augen, sage ich dir, und meine Hand zitterte, als ich die Rose aus seiner Hand nahm. Mir fiel seine Hand auf, diese schmale, beinahe zierliche Hand mit den hervorstehenden Blutadern auf dem Handrücken und den langen schönen Fingern. Er trug eine goldene Uhr und er roch nach einem Parfüm, von dem ich später erfuhr, dass es aus Paris kam, und als ich die Rose in der Hand hielt, da richtete er sich auf und entschuldigte sich, uns beim Essen gestört zu haben, und er sagte: Ich hoffe, wir werden uns wiedersehen. Mein Name ist JB Swift.

Ich wollte ihm meinen Namen sagen, Lilly, aber ich brachte keinen Laut über die Lippen, und so ging er mit seinem Lächeln, verließ das Restaurant, blickte nicht ein einziges Mal zurück, aber ich wusste, dass ich ihn wiedersehen würde."

Lilly brach ab. Wir saßen nebeneinander auf der Bank in der Sonne und nach einer Weile öffnete sie die Augen und sie nahm meine Hand in ihre Hände und sah mir in die Augen.

„Du willst wissen, ob ich ihn jemals wiedergesehen habe, nicht wahr, mein Junge?"

„Du hast ihn wiedergesehen", sagte ich und dachte an jenen Abend, als mein Vater zum ersten und zum letzten Mal meine Mutter geschlagen hatte.

„Ich habe ihn wiedergesehen", sagte Lilly. „Ein Jahr später. Ich vergaß ihn nie, aber ich dachte nicht jeden Tag an ihn. Ich ging in Memphis ins College, nicht in Baton Rouge. Die Blütenblätter seiner Rose bewahrte ich auf, gepresst zwischen den Seiten meiner liebsten Bücher."

Ich wartete darauf, dass sie weitererzählen würde, aber das tat sie nicht. Stattdessen sagte sie, bei meinem nächsten Besuch würde sie mir von ihrem Wiedersehen erzählen. Und von jenem Tag, als sie ihn zum ersten Mal auf der Bühne gesehen hatte, mit seiner Gitarre.

Ich sagte ihr, ich käme morgen wieder.

Sie lächelte.

„Dann erzähle ich dir von einem ganz besonderen Tag in meinem Leben, mein Junge.“

7. KAPITEL
LADY IN BLUE

Dieser Tag, von dem mir Lilly erzählte, war ein Tag lange bevor ich auf der Welt war, aber für sie schien er noch gar nicht so lange her zu sein. Nicht eine Kleinigkeit, die an jenem Tag passiert war, hatte Lilly vergessen. Sie erinnerte sich an Dinge, die sich nur jemand so tief ins Gedächtnis eingeprägt haben konnte, der sich schon damals der Bedeutung dieses Tages voll bewusst war, ein ganz besonderer Tag im Leben eines ganz besonderen Mädchens.

Ein Mittwoch, sagte sie, sei es gewesen. Im Radio habe man von den Bemühungen der amerikanischen Bevölkerung berichtet, die Notleidenden in den Dürregebieten im Mittelwesten mit Gebrauchsgütern zu versorgen. Das Leiden jener Menschen war grenzenlos. In einem einzigen Jahr hatten drei Millionen Menschen ihre Heimat verlassen und waren unterwegs in das gelobte Land Kalifornien. Ein Treck der Verzweifelten bewegte sich auf langen staubigen Landstraßen gen Westen, Männer, Frauen, Kinder, alte und junge Leute. Ganz Amerika war aufgerufen, sich an der humanitären Aktion zu beteiligen und alles, was sie entbehren konnten, Lebensmittel, Kleider, Haushaltwaren und Bettzeug, an die Sammelstellen für die Vertriebenen und die Ausharrenden zu schicken.

Lilly war zu jener Zeit ein Freshman am Memphis College, nachdem ihr Vater entschieden hatte, dass Baton Rouge nicht die richtige Umgebung für seine Tochter wäre. Lillys Hauptfächer waren Geschichte, Englisch und Soziologie. Sie wollte Lehrerin werden. Ihre Lebensaufgabe sah sie darin, später dort zu unterrichten, wo die armen Leute lebten, im Hinterland von Tennessee, in den abgelegenen Tälern der Appalachen und Cumberland Mountains, oder in den

Dörfern im Waldgebiet entlang des Natchez Trace, wo Schulen und Lehrer dünn gesät waren.

Lilly arbeitete neben Ihrem Studium. Von ihrem Vater erhielt sie nicht mehr als einen kleinen Beitrag zum Studiengeld. Und für Unterkunft und Essen musste sie selbst aufkommen.

Jeden Abend stapelte sie Waren im Lager eines Kaufhauses an der Poplar Avenue. Um Geld zu sparen ging sie zu Fuß dorthin und meistens kam sie erst gegen Mitternacht nach Hause, nach vier Stunden harter Arbeit zu eineinviertel Dollar die Stunde. Minimallohn.

An jenem Mittwoch saß sie vormittags mit ihrer Freundin Mary Jane zusammen in der Bibliothek vor einem Stapel Bücher über Shakespeare, sie lasen Auszüge und machten Notizen, die sie für ihre Seminararbeit brauchten. Es war still in der Bibliothek. Überall an den Tischen arbeiteten andere Studenten und Studentinnen. Lilly konnte sich an einen Jungen namens Phil Pollack erinnern, der über seinen Büchern eingeschlafen war. Und sie erinnerte sich an Tommy Clifford, der ihr im Vorbeigehen zuraunte, er sei in ihre schönen blauen Augen verliebt.

Und dann kam Sue an ihren Tisch und fragte Mary Jane, ob sie am Abend mit ihr in den Royal Blue Club gehen würde.

„Ich hörte es, obwohl ich in diesem Moment in meine Lektüre vertieft war", sagte Lilly lächelnd und lehnte sich auf der Bank in der Sonne zurück.

Es war Nachmittag. Der Himmel war heute mit dünnen Wolkenschleiern überzogen, aber die Sonne schien warm und es ging kein Wind.

Lilly blickte in die Ferne, blickte irgendwohin, ohne zu sehen, was ihre Augen sahen, denn in diesem Moment war sie über fünfzig Jahre weit weg von mir, in einer Erinnerung, die niemals verblassen konnte, solange sie leben würde.

„Royal Blue, das war damals ein Name, der uns allen ein Begriff war. Ein Club für Schwarze. Männer des Blues traten dort auf. Es wurde oft über den Club geredet und über das, was dort geschah. Manchmal machte er auch Schlagzeilen in den Zeitungen. Schon vor dem Krieg war der Royal Blue berühmt gewesen. Die größten Bluesmusiker waren dort aufgetreten. Das Lokal hatte damals einen guten Ruf. Aber jetzt, kurz vor dem Krieg, war das anders. Fast jeden Monat einmal machte die Polizei eine Razzia. In den Hinterzimmern wurden Glücksspieler und Prostituierte verhaftet, Geld beschlagnahmt und Waffen entdeckt. Übelste Gerüchte machten die Runde. Weiße gingen nicht mehr dorthin, es sei denn sie gehörten zu jener üblen Sorte von Außenseitern, die sich nachts mit Schwarzen einließen. Wir nannten sie damals nicht Schwarze. Wir nannten sie Neger. Und manche nannten sie sogar Nigger. Ein Nigger gehörte nicht zu uns. Ein Neger war ein minderwertiges Geschöpf, von dem mein Vater einmal sagte, dass er nicht weit vom Affen entfernt war. Ihre Musik war entsprechend verrufen. Niggermusik. Kaum ein Radio spielte sie. Ich kann mich noch gut erinnern, dass Vater sofort das Radio ausmachte, wenn ein Stück kam, das auch nur die entfernteste Ähnlichkeit mit dem Blues hatte, oder wenn ein Sänger eine negerähnliche Art hatte, ein Lied zu singen. Nur heimlich, in unserem Zimmer im Studentenwohnheim, oder am Wochenende, wenn ich bei Mary Jane war und ihre Eltern weggingen, hörten wir den Blues. Mary Jane hatte sogar in einem Versteck in ihrem Zimmer ein paar Platten von schwarzen Musikern, zu denen wir heimlich tanzten, weil sie einen ganz besonderen Rhythmus hatten. Weiße Musik hatte diesen Rhythmus nicht. Weiße Musik war brav. Lieblich. Ohne Leben. Wenn wir zur Musik der Schwarzen tanzten, fühlten wir uns frech, fühlten unser junges Herz pulsieren. Und zwar nicht nur, weil uns die Musik der Schwarzen verboten war, obwohl uns das natürlich erst recht herausforderte. Zu Hause waren wir artige Mädchen, die nichts falsch machen, aber sobald wir allein waren, da hätten uns die eigenen Eltern nicht wiedererkannt. Und trotzdem wäre ich nicht einmal im Traum auf die Idee gekommen, zum Royal Blue zu gehen. Nicht einmal in seine Nähe hätte ich mich getraut, weil ich wusste, dass mein Ruf als sauberes Mädchen ruiniert sein würde, wenn man mich dort sah.

Wer spielt denn heute Abend?, hörte ich Sue Mary Jane fragen, und ich hörte eigentlich noch immer nicht richtig hin, weil ich mit ‚Hamlet' beschäftigt war.

JB Swift, sagte Sue und riss mich so plötzlich mitten aus dem, Hamlet' raus, dass ich vor Schreck den Bleistift, an dem ich herumgekaut hatte, durchbiss.

Sue und Mary Jane starrten mich an, als wäre ich eine Sekunde zuvor noch unsichtbar gewesen.

Wo kommst denn du her?, fragte mich Sue flüsternd. Tut mir leid, wenn ich dich bei deiner Arbeit gestört habe.

Und Mary Jane lachte. Du hast doch nicht etwa tatsächlich den Bleistift durchgebissen, Lilly?

Nein, meine Zähne haben das ganz alleine gemacht, sagte ich leise und blickte mich nach allen Seiten um. Es war zum Glück niemand in der Nähe, der uns an einen der Professoren oder an meinen Vater hätte verraten können.

Habe ich richtig gehört, dass du heute Abend zum Royal Blue gehen willst, Sue?

Das war nicht für deine Ohren bestimmt, Lilly, sagte Sue. Du musst bestimmt arbeiten.

Ich hab's aber gehört, sagte ich trotzig. Und ich habe

auch den Namen gehört, den du genannt hast. JB Swift. Ich hab's noch nie jemandem gesagt, nicht einmal dir, Mary Jane, aber ich kenne JB Swift persönlich.

Sie starrten mich an und ihre Augen fielen ihnen beinahe aus dem Kopf. Mary Jane schnappte sogar nach Luft wie ein Fisch, der zu lange unter Wasser gewesen war.

Red keinen Mist, Lilly!, sagte Sue. Wieso solltest ausgerechnet du einen Mann des Blues kennen? Eine lebende Legende?

Ich sagte es ihnen und zuerst wollten sie mir nicht glauben und sie versuchten sogar, mich auf die Schippe zu nehmen und meine Geschichte lächerlich zu machen, aber ich ließ mich nicht auf ihr Spielchen ein, bis mich Sue aufforderte, heute Abend nicht zur Arbeit zu gehen. Ruf an und sag ihnen, dass du krank bist. Was mit dem Magen oder so. Hast etwas gegessen, das dir nicht bekommen ist. So etwas kann vorkommen, bei dem Schlangenfraß, den es hier in der Mensa zu essen gibt. Und wenn das wahr ist, was du uns erzählt hast, dann werden wir ja sehen, ob er dich wiedererkennt, sagte Mary Jane, die etwas sauer war, weil ich ihr nie etwas von meinem Geheimnis erzählt hatte.

Den ganzen Nachmittag dachte ich darüber nach, ob ich ins Royal Blue oder zur Arbeit gehen sollte, was mein Pflichtgefühl von mir verlangte, war klar. Ich war ganz durcheinander und wurde so nervös, dass ich rote Flecken im Gesicht kriegte, um die Nase herum und auf der Stirn. Ich sah furchtbar aus und wollte mich so nicht sehen lassen. Außerdem wusste ich nicht, was ich anziehen sollte. Ich hatte keine Ahnung, wie das dort war. Alles, was ich wusste, war, dass es sich um eine verruchte Bar handelte, in der viel getrunken und geraucht wurde, und dass man sich dort seines Lebens nicht sicher sein konnte unter all diesen schwarzen Spielern und Zuhältern. Ich konnte mich einfach nicht entscheiden, also sah ich Mary Jane und Sue zu, wie sie sich zurechtmachten, mit viel Schminke und Lockenwicklern in den Haaren, und die ganze Zeit forderten sie mich auf, endlich voranzumachen. Stundenlang brauchten sie im Bad und vor dem Spiegel und schließlich waren sie bereit und ich saß auf meinem Bett und heulte, weil ich völlig durcheinander war und im Warenhaus, in dem ich arbeitete, nicht einmal angerufen hatte.

Mary Jane und Sue gingen allein. Erst als sie weg waren, ging ich duschen. Dann zog ich ein Kleid an, das ich mir selbst genäht hatte und in dem ich mir besonders gefiel, und ich schminkte meine Lippen und bürstete mein Haar, bevor ich es sorgfältig kämmte und im Nacken zu einem Knoten band. Noch immer ohne rechten Mut, betrachtete ich mich im Spiegel. Meine Augen sahen ein bisschen verweint aus, aber sonst sah man mir nicht an, dass ich innerlich völlig zerwühlt war und schrecklich Angst davor hatte, allein zum Royal Blue zu gehen. Ja, ich hatte mich entschlossen. Und ich ging hin. Es war schon dunkel und ich nahm den Bus ins Stadtzentrum und stieg zwei Haltestellen zu früh aus, und dann schlich ich mich mit klopfendem Herzen durch die dunklen Hinterstraßen zur Beale Street und zum Royal Blue. Vor der Tür, im blauen Neonlicht, standen einige Leute, alles Schwarze, eine Frau mit einem feuerroten Hütchen und feuerroten Schuhen mit unglaublich hohen Absätzen, und rauchende Männer in dunklen Anzügen, weißen Hemden und Krawatten. Sie unterhielten sich, lachten, schubsten einander, und die Frau hängte sich an einen großen Mann und er legte einen Arm um sie und hielt sie fest und sie lachte und er ließ sie einen Zug von seiner Zigarette nehmen. Nicht sehr laut, und trotzdem gut zu hören, vernahm ich die Musik, die aus dem Club kam, die Klänge eines Pianos, die helle Stimme einer Sängerin, ein Schlagzeug und einen Bass, und mein Herz begann noch schneller zu klopfen. Alles, was ich da sah und hörte, bestätigte mir die Gerüchte, die man sich in der Stadt über den Royal Blue Club erzählte. Dieser Ort war nichts für mich, das war mir klar, nichts als eine sündige Versuchung, und trotzdem blieb ich dort im Dunkel dieser Seitenstraße stehen und schaute den Leuten vor dem Eingang wie gebannt zu, wartend und hoffend, sie würden endlich hineingehen, aber sie gingen nicht hinein und ich wusste schon nicht mehr, was ich tun sollte, als mich plötzlich jemand ansprach.

Wenn du willst, nehme ich dich mit hinein, kleines Mädchen, sagte ein Mann und ich erschrak ziemlich, weil ich niemand in meiner Nähe gespürt oder gesehen hatte. Jetzt stand da einer, spindeldürr und klein, mit einem karierten Jackett und einer roten Fliege unter dem spitzen Kinn, das Haar glänzend von der Pomade, mit der er es sich am Kopf festgeklebt hatte. Man nennt mich Crazy Legs, weil ich tanzen kann wie sonst keiner. Und wenn ich dich schief ansehe, mach dir nichts draus, mein linkes Augenlid ist lahm.

Ich kann dir nicht sagen, Bradley, warum ich diesem kleinen Mann vertraute, aber das tat ich, und ich ging mit ihm, obwohl ich wusste, dass es nicht richtig war, was ich tat. Er bezahlte den Eintritt für mich, sagte dem Kassierer, dass ich seine Freundin wäre und schon einundzwanzig, und der Kassierer drückte ein Auge zu und sagte, das sei schon okay, und ein anderer Mann öffnete uns eine dicke, mit Leder gepolsterte Tür.

Crazy Legs, sag der Kleinen was sie tun soll, wenn die Cops auftauchen, raunte der Mann an der Tür meinem Begleiter zu, und dann standen wir in einem dichten Rauchnebel, hell vom Scheinwerferlicht, das eine kleine Bühne beleuchtete. Die Leute, die ich sehen konnte, waren alle nur wie Silhouetten, die sich im Nebel bewegten, die ineinander verschmolzen, sich voneinander lösten, ständig ihre Formen verändernd als wären sie Figuren eines geheimnisvollen Schattenspiels.

Benommen wie ich war, mein Herz rasend, führte mich Crazy Legs herum und machte mich mit Leuten bekannt, die ich nirgendwo unterbringen konnte und deshalb längst wieder vergessen habe. Dann tanzte ich mit ihm, und er bewegte sich geschmeidig um mich herum, verrenkte seinen biegsamen Körper in alle Richtungen, lachte und nahm mich beim Arm, und er küsste mich in einem Moment, als ich es nicht erwartete. Ich wollte zu tanzen aufhören, aber er ließ mich nicht los und wir waren umgeben von anderen Leuten, lachenden Frauen und Männern, und plötzlich sah ich Sue, die mit einem jungen Schwarzen tanzte, eng umschlungen, und ich sah Mary Jane an einem Tisch sitzen und ein Glas hochheben, ihr Gesicht leuchtete im Licht einer Lampe und ich konnte sehen, dass ihr Lippenstift verschmiert war.

Und dann entdeckte ich JB. Er stand an einer Bar, zusammen mit anderen Männern und einigen Frauen, und als ich ihn sah, von schräg hinten, war es, als spürte er meinen Blick. Er drehte sich jäh um und entdeckte mich mitten unter den anderen, mein Herz hörte auf zu schlagen und ich war froh, dass ich mich an Crazy Legs festhalten konnte, sonst wäre ich wahrscheinlich ohnmächtig geworden und hingefallen. Ich versuchte, nicht zu ihm hinzuschauen, während ich tanzte, versuchte ihm und seinem Blick auszuweichen, aber das gelang mir nicht. Wie magisch zog er mich an und wenn ich mich drehte und sich unsere Blicke für eine Sekunde lösen mussten, suchte ich sofort wieder nach ihm, fand ihn in den blauen Rauchschwaden und dem rosafarbenen Licht der Lampen, fand ihn zwischen den anderen Schatten stehend, mit seinen Blicken an mir hängend, so, als fürchtete er, mich im nächsten Moment für immer zu verlieren.

Ich hörte die Musik nicht mehr und ich kriegte nichts mehr vom Tanz mit, der plötzlich zu Ende war. Crazy Legs wollte mich zum Tisch führen, an dem wir gesessen hatten, aber er merkte plötzlich, dass irgendetwas nicht mehr stimmte, und er sah JB dort an der Bar stehen und er murmelte etwas, was ich nicht verstehen konnte. Die Leute, die getanzt hatten, verließen den Tanzboden nach und nach, und am Ende standen wir allein da, Crazy Legs und ich, und er wollte mich am Arm nehmen, aber da löste sich JB von der Bar, drückte seine Zigarette im Aschenbecher aus und kam auf uns zu, so, wie er ein Jahr zuvor in Baton Rouge auf den Tisch zugekommen war, an dem meine Eltern und ich gesessen hatten, und seine Augen schienen nur mich zu sehen.

Ich hörte jemanden meinen Namen ausrufen. Es war Mary Jane, die mich jetzt entdeckt hatte, weil die meisten Leute ihre Aufmerksamkeit auf uns gerichtet hatten, auf JB und auf mich und vielleicht auch auf Crazy Legs. Und da stand er vor mir, groß und schlank in seinem modischen Anzug, mit einer Rose im Knopfloch, wie damals in Baton Rouge, nur trug er dieses Mal keinen Hut und sein Haar war länger und sorgfältig auf der linken Seite gescheitelt. Vor mir blieb er stehen. Ich atmete nicht mehr. Ich stand nur da und hörte und sah nichts mehr, außer dem, was ich in seinen Augen sah, und ich wusste, dass es etwas ganz Besonderes war, etwas sehr Geheimnisvolles, von dessen Existenz ich bisher noch nicht einmal geahnt hatte.

Bradley, eines Tages wirst du, wenn du Glück hast, so einen Moment erleben, und du wirst denken, dass dieser Moment eine Ewigkeit dauert, weil er alles um dich herum zunichtemacht.

Ich stand da, und er nahm mich beim Arm und er sagte etwas zu Crazy Legs, sagte ihm, dass er sich nicht mehr um mich bemühen sollte, oder so was, und ich hörte Crazy Legs sagen, dass er es gewesen war, der mich hierher gebracht hätte und dass ich seine Freundin sei, aber JB gab ihm keine Antwort mehr. Er führte mich zu seinen Freunden an der Bar und stellte mich ihnen vor.

Das ist Lilly, sagte er ihnen. Wir haben uns vor einem Jahr in Baton Rouge kennen gelernt und dann nie mehr gesehen. Lilly weiß noch gar nicht, dass ich ein ganzes Jahr nur auf diesen Tag gewartet habe, an dem ich sie wiedersehe. Heute ist dieser Tag endlich gekommen.

Sie lachten alle und er lachte mit ihnen über die kleinen Scherze, mit denen sie ihn neckten, und sie reichten mir die Hand und die Frau sagte, dass ich nicht so ernst nehmen sollte, was JB da eben gesagt habe, aber JB drehte sich mir zu und nahm mich bei den Schultern, er blickte mir tief in die Augen und sagte: Jedes Wort, das ich gesagt habe, ist die Wahrheit, Lilly.

Und dann führte er mich auf den Tanzboden und wir tanzten. Er erzählte mir von seinem Leben, machte Scherze über seine Freunde und über sich, und einmal fragte er mich, warum ich hierhergekommen sei, und ich gestand ihm, ich sei hierhergekommen, weil ich seinen Namen gehört hätte und ihn einmal die Gitarre spielen und singen hören wollte.

Dann hast du mich auch nie vergessen, Lilly?

Ich musste lachen. Wie hätte ich ihn denn vergessen können? Sein Name stand in den Zeitungen. Kurz nachdem wir uns in Baton Rouge begegnet waren, hatte er seine erste Schallplatte aufgenommen. In New York. Und dort hatte er im alten Lafayette Theater gespielt. Und in Chicago war er gewesen und in San Francisco. Man nannte ihn eine

Legende, obwohl er noch jung und erst am Anfang seiner Karriere war. Man nannte ihn jetzt schon eine Legende und das belustigte ihn. Man könnte meinen, ich bin schon tot, sagte er zu mir, während wir tanzten, und damals wussten wir beide nicht, wie nah er mit diesen Worten an die Wahrheit und an das, was in den nächsten Tagen geschehen würde, herankam.

Wir hatten beide keine Ahnung von nichts. Wir waren glücklich, uns wieder gefunden zu haben. Wir waren an diesem Abend wahrscheinlich die glücklichsten Menschen im Royal Blue, vielleicht sogar die glücklichsten auf der Welt. Nichts, glaubten wir, konnte dieses Glück zerstören. Nichts konnte uns mehr voneinander trennen.

Und nachdem wir getanzt hatten, war es JB, der zum Podium hinaufging und seine Gitarre zur Hand nahm. Es wurde merkwürdig still im Royal Blue. Die meisten Leute sahen zu ihm auf, aber einige schauten mich an, ich spürte ihre Blicke auf mich gerichtet und ich senkte den Kopf, um ihnen auszuweichen. Am liebsten wäre ich hinausgegangen, aber dann auch wieder nicht, weil ich neugierig war, was jetzt geschehen würde. Ich hob den Kopf und sah Mary Jane und Sue. Mary Jane winkte mir verstohlen zu, und dann trat JB aus dem Licht des Spotscheinwerfers an den Rand des Podiums und beugte sich etwas vor, suchte im Halbdunkel mit seinen Blicken nach mir, fand mich bei seinen Freunden an der Bar stehen und sagte: Meine Freunde, heute habe ich hier im Royal Blue mein Glück wieder gefunden. Mehr sagte er nicht, aber jedermann im Royal Blue wusste, was er meinte, und sie klatschten in die Hände und riefen ihm Glückwünsche zu, als wäre der heutige Tag sein Geburtstag.

Dieses Lied, sagte er dann, das ich heute zum ersten Mal öffentlich singe, ist Lilly gewidmet. Es heißt ‚Lady in Blue'.

Ich habe das Lied geschrieben, nachdem ich Lilly zum ersten Mal getroffen habe, und es für diesen Tag aufbewahrt.

Es war mucksmäuschenstill im Royal Blue, als er sich auf einen Hocker setzte und zu spielen anfing. Einfach so. Als hätte er immer gewusst, dass er dieses Lied einmal in meinem Beisein singen würde. Und ich stand da unten im Halbdunkel und merkte, wie mir die Tränen kommen wollten, und mein Herz drohte vor Freude und Glück zerspringen."

8. KAPITEL
DIE LEGENDE

Eigentlich hätte ich am nächsten Tag zurück nach Winstel fahren sollen, nach Hause, aber ich rief meine Mutter an und sagte ihr, dass ich ein oder zwei Tage länger in Memphis bleiben würde. Ich sagte ihr nichts von der Geschichte, die mir Lilly erzählt hatte und die noch nicht zu Ende war. Das hätte sie wahrscheinlich auch gar nicht interessiert. Sie fragte nur, ob mir Lilly irgendetwas über ihre Vermögensverhältnisse verraten hätte, und als ich ihr die Frage verneinte, da hörte sie sich ziemlich enttäuscht an.

Ich sagte auch Onkel Lewis, dass ich noch ein paar Tage bleiben würde, und er meinte, das gehe in Ordnung, aber ich spürte, dass seine Gastfreundschaft eigentlich schon ausgedient hatte. Sie erzählten mir von ihren Wochenendplänen, von einem Besuch bei alten Freunden von ihnen, die irgendwo in Louisiana lebten, und ich sagte ihnen, dass ich morgen nach Winstel zurückfahren würde.

Das tat ich jedoch nicht. Ich packte zwar am nächsten Tag sehr früh meine Sachen und ließ mich von Onkel Lewis zur Greyhound-Station fahren, aber als er weg war, verließ ich die Station und rief das Altersheim an. Lilly sei im Garten, sagte man mir, aber sie habe schon mehrmals nach mir gefragt. Ich gab meinen Seesack im Gepäckschalter ab, kriegte ein Ticket mit einer Nummer drauf und ging zu Fuß in die Beale Street.

Zu jener Zeit war die Beale Street längst nicht mehr, was sie einmal gewesen war. Keine Spur mehr vom Hotel Clark, wo sich Farbige hatten einmieten können. Ein leeres Grundstück, wo einmal der Pee Wee Saloon gewesen war. Von den alten Restaurants, Clubs, Tanzhallen und Bars waren nur noch ein paar übrig geblieben. Man hatte sie inzwischen für die Touristen renoviert. Nachts war hier bestimmt einiges los, aber jetzt war Tag. Die wenigen alten Häuser sahen aus, als würden sie demnächst auseinander fallen, die Mauern voller Risse, die meisten Türen und Fenster mit Brettern vernagelt. Außer einigen Touristen war fast niemand auf der Straße. Wo einmal ein kleiner Marktplatz gewesen war und jetzt das Denkmal von W. C. Handy mit seinem Kornett stand, kehrte ein Mann mit einem Besen den Bürgersteig und schaufelte den Müll in einen kleinen Handwagen. Der Mann war ein Schwarzer. Ich fragte ihn nach dem Royal Blue. Er richtete sich auf, musterte mich einige Sekunden lang und blickte dann die Straße hinunter.

„Was willst du denn dort, Junge?", fragte er, ohne mich anzusehen.

„Schon mal was von JB gehört?", entgegnete ich ihm.

„JB Swift?"

Er holte tief Luft, so, als bereitete es ihm mehr Mühe, in seinen Erinnerungen herumzuwühlen, als die Straße zu kehren. Er schien etwas zu sehen, was meinen Augen verborgen blieb, dann kehrte er mit seinem Blick zurück, sah mich an und nickte.

„Ja, ich erinnere mich an JB", sagte er. „‚Die Legende', nannte man ihn. Als wäre er einer der Alten gewesen."

„Haben Sie ihn gekannt?"

„Jedermann kannte ihn." Er legte den Besen quer über den Handwagen und zeigte zu einer Straßenecke hinüber. „Dort drüben geschah es", sagte er. „Ich war ein kleiner Junge damals, fünf oder sechs, und ich trug die Abendzeitung aus, um mir ein paar Pennys zu verdienen. Damals war gerade die große Dürre. Jeden Tag schrieben die Zeitungen darüber. Über all die Leute, die nach Westen zogen. Farmland, das aussah wie eine Sandwüste. Und dann geschah das hier, was sie später einen Mord nannten, obwohl es keiner war. Ich hab's mit eigenen Augen gesehen, mein Junge, und später hat mich die Polizei gefragt, was ich gesehen hätte, und ich sagte es den Cops, obwohl die es selbst hätten sehen müssen, weil einige von ihnen auf der Straße standen, als JB und das Mädchen herauskamen. Ich sagte ihnen, dass ich gesehen habe, wie sie auf ihn warteten. Fünf oder sechs. Einer von ihnen war einer von den Niggern, die wir ‚Ratten' nannten, weil sie sich nachts in den dunkelsten Ecken herumschlichen. Sie standen alle dort drüben, zwischen den beiden Türen. Die eine Tür war eine Pool Hall, in der Billard gespielt wurde. Die andere Tür war der Eingang zu Frank's Café. Dort warteten sie auf ihn. Er saß in Frank's Café, zusammen mit seinem Mädchen, aber das wusste ich nicht. Ich sah die Männer dort drüben stehen, und sie taten so, als wäre alles ganz in Ordnung, aber mir gefiel das nicht, was ich dort drüben sah. Ich sah nämlich, wie einer von ihnen einen Baseballschläger hinter dem Rücken versteckt hielt, und ich dachte, das gibt's doch nicht, was will denn so einer wie der mit 'nem Baseballschläger mitten in der Stadt, und noch während ich das dachte, kamen sie heraus, JB und das Mädchen, und einer von ihnen trat ihm in den Weg, fragte ihn, ob er Feuer hätte, und als JB das Mädchen losließ und in seiner Jackettasche nach seinem Feuerzeug langte, da begannen sie, ihn herumzuschubsen, und er hob beide Hände und sagte, dass er in Frieden seinen Weg gehen wolle mit seinem Mädchen, aber sie ließen ihn nicht weitergehen. Und da verlor JB die Beherrschung. Er schlug einem von ihnen die Faust mitten ins Gesicht und die anderen wichen zurück, waren einige Sekunden lang wie gelähmt, und JB dachte wohl, jetzt kann er weitergehen, aber da traf ihn der Baseballschläger ins Kreuz und er ging in die Knie. Ich sehe es noch ganz deutlich, wie er in die Knie ging, mit diesem ungläubigen Ausdruck in seinem Gesicht, und ich hörte sein Mädchen schreien, und zwei der Männer packten das Mädchen und zerrten es mit sich auf die Straße hinaus. JB kniete am Boden und der mit dem Baseballschläger brüllte ihn an, dann schlug er zu und JB versuchte diesen Schlag mit dem Arm abzublocken. Der Baseballschläger traf seinen Arm und später erfuhr ich, dass der Schlag seinen Arm gebrochen hat, ganz in der Nähe des Handgelenkes. Ich habe nicht gehört, was der mit dem Baseballschläger danach zu JB sagte, aber JB starrte ihn nur an, und als sich der Mann mit dem Baseballschläger sich umdrehte und davongehen wollte, da hatte JB plötzlich einen Revolver in der Hand. Keine Ahnung, wo er ihn hergeholt hatte. Er war plötzlich in seiner Hand und dann krachte der Schuss. Ich sah die Flamme aus der Mündung kommen, wie Feuer, und der Mann mit dem Baseballschläger wurde nach vorne gestoßen. Er taumelte mehrere Schritte auf die Straße hinaus, bevor seine Beine unter ihm einknickten. Ich glaube, er versuchte nach irgendeinem Halt zu greifen, aber es war nichts da und so fiel er einfach hin, mitten auf der Straße, keine dreißig Schritte von hier, fiel der Länge nach hin auf sein Gesicht und später hieß es, dass er schon tot gewesen sei, als er auf dem Asphalt aufschlug, aber ich habe deutlich gesehen, wie er am Boden liegend den Kopf hob und seinen Arm anzog, so, als wollte er versuchen, noch einmal aufzustehen."

Der Straßenkehrer hatte so lange an einem Stück geredet, dass er außer Atem geraten war. Jetzt schüttelte er in Gedanken versunken den Kopf und holte tief Luft.

„Nein", sagte er. „Es ging nicht mehr. Er konnte nicht mehr aufstehen."

Ich stand da und starrte dorthin, wo sich das, was der Mann mir eben erzählt hatte, zugetragen hatte. Es gab längst keine Spuren mehr. Der löchrige Asphalt war voll mit Unrat, der vom Wind in die Beale Street geweht worden war. Pappbecher. Papier. Scherben glitzerten überall. Zigarettenkippen. Ein alter Schuh in der Rinne, wo der Mann noch nicht gekehrt hatte, ein Stück Holz von einer Gemüsekiste.

Ich starrte zu den Häusern hinüber. Eine der Türen hing schief in den Angeln. Der andere Eingang war mit Brettern vernagelt.

„Heute ist das alles vergessen", sagte der Mann und griff wieder zum Besen. „Die Leute sind alle tot. JB Swift ist im Gefängnis gestorben. Und das Mädchen ..." Er brach ab und begann zu fegen.

„Gibt es sonst jemand hier, der damals gelebt hat?"

„Niemand, glaube ich. Aber wenn die Häuser dort drüben nur reden könnten, Junge. Sie wüssten eine ganze Menge zu erzählen, eine ganze Menge."

„Ich werde sie fragen", sagte ich lachend.

„Pass nur auf, Kid. Die Geister dieser Straße lassen dich so schnell nicht mehr los. Früher sagte man, dass Weiße herkamen und danach Schwarze sein wollten. Es ist besser, wenn du weiß bleibst, Kid. Auch heute noch."

Ich ging langsam weiter, ging zur Ecke der Straße und öffnete die Tür, die einmal der Eingang zu Frank's Café gewesen war. Der Boden war mit Linoleum ausgelegt. An einigen Stellen waren große Stücke weggerissen. Dort waren die Holzdielen sichtbar, kerbige, schwarze Dielen, an denen Leim klebte und kleine Stücke vom Linoleumboden. Die Fensterscheiben waren zersplittert, die Deckenverkleidung aus Blech hing herunter und dort, wo ein Ofen gestanden hatte, war die Wand verbrannt. Eine kleine Tür führte in einen Raum, der früher die Küche gewesen sein mochte, aber nichts erinnerte mehr daran, dass hier einmal Frank's Café gewesen war. Ich ging hinaus und schaute mich nach dem Straßenkehrer um, konnte ihn jedoch nirgendwo entdecken. Auf dem Gehsteig blieb ich stehen.

Hier hatten sie gewartet, die Männer, von denen einer einen Baseballschläger dabeihatte. Ich prägte mir alles ein, versuchte mir vorzustellen, wie alles gewesen war. Ich sah, wie die Männer Lilly über die Straße zerrten, und ich sah den Jungen auf der anderen Straßenseite, eine Mütze schief auf dem Kopf, eine Tasche voller Zeitungen, und ich sah JB in die Knie gehen, getroffen vom ersten Schlag, den zweiten mit dem linken Arm abwehrend, während er mit der rechten Hand in die Tasche griff, wo er seinen Revolver wusste. Und ich hörte Lilly schreien, sah wie sie sich loszureißen versuchte, sah den Schreck in den Augen des Zeitungsjungen, hörte den Aufschrei des Schmerzes, als JBs Arm vom Schlag zertrümmert wurde, und hörte den Schuss.

Was ich sah und hörte, war das, was geschehen war. Ich wusste nur nicht, warum es geschehen war. Warum JB einen Revolver bei sich trug und warum die Männer hier an dieser Stelle auf ihn gewartet hatten.

Ein Streifenwagen mit zwei Cops fuhr langsam vorbei. Der Fahrer war ein Weißer, der andere ein Schwarzer. Sie blickten beide zu mir herüber. Der Streifenwagen wurde langsamer, hielt an. Sie stiegen aus.

Der Schwarze setzte seine Mütze auf und kam auf mich zu.

„Was tust du hier, Kid?“, fragte er und musterte mich durch seine Sonnenbrille hindurch.

„Nichts mehr“, sagte ich.

Er wurde misstrauisch.

„Du bist nicht von hier, nicht?“

„Nein.“

„Wo kommst du her?“

„Texas.“

„Bist du allein?"

„Nein, Sir. Mein Onkel lebt hier. Und meine Großmutter."

„Und was tust du hier?"

„Jemand hat mir erzählt, was hier geschehen ist."

„Hier? Hier ist seit vielen Jahren nichts mehr geschehen. Hierher kommen nur noch Touristen. Souvenirläden und neue Blues-Kneipen. Bald wird man diese ganz Straße saniert haben. Alles neu, Kid. Tingeltangel. In den alten Häusern dort drüben hausen nur noch die Ratten. Früher, da war das ganz anders. Diese Straße hier ist die Geburtsstätte des Blues. Hier hat alles angefangen, verstehst du? Der Wind trug die Lieder aus den Baumwollfeldern des Südens hierher und aus diesen Liedern wurde der Blues."

Ich sah ihn an. Er lachte.

„1909 hat hier der berühmte schwarze Musiker W. C. Handy seinen ersten Blues gespielt. Die Stadt hat ihm zu Ehren dort drüben auf dem alten Marktplatz ein Denkmal gebaut."

Er zeigte zu einem Platz hinüber, wo die Touristen verloren herumirrten.

„Früher war das eine tolle Gegend, Kid. Vor dem Krieg. Da haben die Großen gespielt. Und auch solche, die keiner mehr kennt. Die vielen Vergessenen. Es gab eine Zeit, da war man in Memphis stolz auf diese Straße und auf die Musik, die hier entstand und in alle Welt ging, bis in die entlegensten Winkel, wo man noch Radio hören konnte. Nach dem Krieg wurde das anders. Dann kam der Kommerz. Die ersten Schallplattenstudios. Sun Records. Elvis. Jerry Lee Lewis. Und natürlich die großen Schwarzen wie B. B. King. Aber so, wie das einmal war, war es nicht mehr. Und als die Studios wegzogen, aus der Innenstadt raus und manche raus aus Memphis und rüber nach Nashville, da kamen die alten Bluesmusiker nicht mehr zurück und alles, was hier einmal war, ging langsam kaputt. Nur die Ratten und die Küchenschaben blieben. Die Läden machten nach und nach dicht. Die Häuser verkamen. Niemand wollte mehr hier leben und das hier war lange Zeit nur noch ein Schatten ihrer selbst. Jetzt kommen die Touristen. Erst Graceland und dann die Beale Street. Sie merken gar nicht, dass diese Straße voller Erinnerungen ist. Manchmal kommt ein Fremder her, der nach Spuren der Vergangenheit sucht. Aber du bist zu jung, um solche Erinnerungen zu haben und nach der Musik ruheloser Seelen zu forschen, Kid."

„Mein Großvater erschoss hier einen Mann, der ihn mit einem Baseballschläger niedergeschlagen hat."

„Dein Großvater?"

„JB Swift."

Der Cop holte tief Luft, so, wie es zuvor auch der Straßenkehrer gemacht hatte.

„Die Legende", sagte er. „Der war doch ein Schwarzer, Kid."

Ich nickte und wollte davongehen, aber er folgte mir und hielt mich am Arm zurück.

„Wo willst du hin, Kid?"

„Meine Großmutter besuchen."

„Wenn du willst, bring ich dich zu Sara."

„Wer ist das?"

„Sara Carter. Sie ist die Tochter von Professor Samuel Carter und sie führt einen kleinen Buchladen, nicht weit von hier. Sie ist hier geboren und aufgewachsen. Sie kennt diese Straße wie sonst niemand. Ich bin sicher, dass sie dir auf deine Fragen gern Antworten gibt, mit denen du was anfangen kannst."

„Ich geh morgen hin. Jetzt bin ich mit meiner Großmutter verabredet. Ich will sie nicht warten lassen."

„Wo ist sie?“

„Im Altersheim.“

„In welchem Altersheim?“

„Harvest Moon.“

„Okay, wir fahren dich hin, Kid. Wie heißt du denn?“

„Bradley.“

„Ich bin Officer Smart und mein Partner, der Weiße hinterm Steuer, das ist Officer O’Rourke.“

Ich ging mit ihm. Der Fahrer des Streifenwagens war älter als der Schwarze.

„Was ist mit ihm?“, fragte er.

„Wir bringen ihn zu seiner Großmutter.“

„Zu seiner Großmutter?“

„Der ist auf der Suche nach Seelen und Geistern, Tim. Sein Großvater war JB Swift.“

„JB Swift?“

„Einer von uns, Tim“, erklärte der Schwarze lachend.„Ein Mann des Blues.“

„Und dann kam Elvis und der Rock ‘n‘ Roll“, sagte der Fahrer.

„Stimmt“, sagte der Schwarze. „Aber ohne den Blues hätte es weder Elvis noch den Rock ‘n‘ Roll je gegeben, verstehst du.“

9. KAPITEL
JBS GIRL

Lilly wartete im Garten auf mich. Sie saß etwas zusammengesunken auf der Bank, auf der wir am Tag zuvor gesessen hatten, aber als sie mich sah und erkannte, richtete sie sich schnell auf und streckte mir ihre Hand entgegen.

„Da bist du ja", freute sie sich. „Weißt du, ich hätte nie geglaubt, dass ich jemals wieder auf jemanden so sehnsüchtig warten könnte."

„Tut mir leid, ich hatte noch was zu erledigen", sagte ich. „Wenn du willst, könnten wir zusammen ausgehen und Mittag essen." Ich hatte angenommen, dass sie meinen Vorschlag ablehnen würde, aber das war ein Irrtum. Ihre Augen leuchteten auf und sie drückte meine Hand und sagte, dass sie mich einladen würde. Dann rief sie nach Rhonda.

„Mein Enkel und ich gehen zum Mittagessen", erklärte Lilly voller Stolz.

Wir gingen zusammen zum nächsten McDonald's, dort hingen Fotos von alten Bluesmusikern. Lilly kannte keinen von ihnen und von JB war kein Bild dabei. Später gingen wir zum Mississippi hinunter, zur Waterfront, und dort setzten wir uns auf eine Bank und schauten dem Treiben zu, den Männern, die Frachtschiffe entluden und beluden, und auf der Mississippi Brücke fuhren Autos hin- und herüber und ein alter Mann in der Nähe fütterte die Möwen und Tauben und Lilly begann, ohne dass ich sie dazu aufgefordert hätte, von JB zu erzählen.

Sie erzählte von den glücklichen Tagen, die sie miteinander verlebten, von den Spaziergängen am Ufer des großen Flusses, von Autofahrten und von neuen Freunden, die sie kennen lernte. Den Job im Warenhaus gab Lilly schon bald auf, nachdem sie sich wieder getroffen hatten.

JB verlangte es von ihr. Er verdiente genug Geld, um ihr jede Woche den Lohn zu geben, den sie vom Warenhaus erhalten hätte, und so sagte sie zu Hause nie, dass sie nicht mehr arbeitete. Stattdessen suchte sie, so oft es das Studium zuließ, die Bars und Tanzhallen auf, in denen JB spielte. Man kannte sie bald überall in der Beale Street. JBs Girl, so nannte man sie. JBs Mädchen. Am Anfang störte es sie, aber dann gefiel es ihr sogar. Allerdings nicht, weil JB berühmt war und im Scheinwerferlicht stand, sondern weil sie stolz auf das Glück war, das sie an seiner Seite gefunden hatte. Sie liebte ihn mehr als alles andere auf der Welt und manchmal, erzählte sie, wachte sie mitten in der Nacht auf und dachte dann an ihn, betete für ihn und dass ihm nichts Schlimmes widerfahren solle. Sie wäre bereit gewesen, für JB zu sterben, wäre sie dazu aufgefordert worden, aber sie wusste auch, dass diese Gedanken töricht waren und nur in der Leichtigkeit des Jungseins entstehen konnten.

Keine Sekunde mehr wollte Lilly ohne JB sein, und wenn er auf Tour war, litt sie unter ihrer Sehnsucht nach ihm. Es nützte nichts, wenn er sie jeden Tag mehrere Male anrief. Erst wenn er zurückkehrte, war die Welt für sie wieder in Ordnung.

Ich hörte ihr die ganze Zeit zu, innerlich furchtbar aufgewühlt, weil ich seit heute Vormittag eine Geschichte kannte, die nicht in das Bild passen wollte, das sie aus ihren Erinnerungen entstehen ließ. Ich fragte mich, ob sie es absichtlich versäumte, mir von den Schatten zu erzählen, die sie wahrscheinlich damals nicht übersehen haben konnte. Irgendwann, dachte ich, würde sie mir von ihren Ängsten erzählen und von der Bedrohung, die sie gespürt haben mochte. Aber sie erzählte mir stattdessen von wundervollen Erlebnissen mit JB, von einer für sie damals fremden Welt. Ich konnte es kaum mehr mit anhören, obwohl ich alles in mich aufsog, was sie sagte, und ihre Bilder sich in meinem Gedächtnis genauso einprägten wie die, die sich in der Beale Street vor mir abgespielt hatten.

Die Frage, warum JB einen Revolver bei sich trug, lag mir auf der Zunge. Die Frage, wer die Männer gewesen waren, die vor Frank's Café auf JB gewartet hatten. Die Frage, wann ihre Eltern von ihrer Beziehung zu einem schwarzen Bluesmusiker erfahren hatten und wie ihr Vater darauf reagierte.

So viele Fragen waren es, die ich stellen wollte, aber ich ließ sie reden, ließ sie in ihren Erinnerungen schwelgen, weil mir schon damals bewusst war, wie wenig Zeit ihr noch blieb, an die guten Zeiten ihres Lebens zu denken und noch einmal das Glück heraufzubeschwören, das damals auf dem Gehsteig vor Frank's Café so plötzlich zerstört worden war.

Am Nachmittag, als sie müde war und darüber klagte, dass die Sehkraft in ihrem linken Auge nachließe, brachte ich sie zurück auf ihr Zimmer und tat ihr Tropfen in die müden, leicht entzündeten Augen.

„Der Arzt meint, dass ich demnächst am linken Auge operiert werden sollte", sagte sie. „Ich fürchte mich vor dieser Operation, Bradley. Früher, da habe ich mich nie vor irgendetwas gefürchtet, aber jetzt fürchte ich, das Augenlicht zu verlieren."

„Rhonda sagte mir, dass es eine Operation ist, die schon oft gemacht wurde und dass du dich nicht zu fürchten brauchst."

„Weil ich dann immer noch das andere Auge hätte, nicht wahr", sagte sie und lachte. „Unter Blinden ist der Einäugige ein König, Bradley, das sagte mir Joey Pickett, einer von JBs besten Freunden, der ein Glasauge hatte."

„Hast du wieder mal von ihm gehört, Großmutter?"

„Von Joey? Nein, nicht ein einziges Mal. Nachdem JB

weg war, kümmerte sich keiner mehr um mich. Ich. hätte es auch nicht gewollt, Bradley. Ich wollte allein sein."

„Dann weißt du nichts von ihm?"

„Nein. Ich weiß nur, dass er nach dem Krieg in New Orleans ein großer Star war. Crazy Legs übrigens auch. Von dem hörte ich einige Male. Der hat es immer verstanden, sich ins Rampenlicht zu stellen. Einmal hörte ich sogar, dass er in London vor dem König und der ganzen königlichen Familie getanzt hat."

„Weißt du, wo er jetzt ist?"

„Nein. Natürlich nicht. Ich wollte ihn aus meinem Gedächtnis streichen, aber das ist mir nie ganz gelungen. Es ist merkwürdig, wie man jene Leute, die einem Gutes tun, viel leichter vergisst als die, die einem Schmerz zugefügt haben."

Ich sah, wie ihr die Augen zufielen, und ich blieb bei ihr, bis sie einschlief. Dann verließ ich das Heim und machte mich auf die Suche nach dem Buchladen von Sara Carter. Da ich nur noch ein paar Pennys hatte, ging ich zu Fuß und ich war irgendwie verloren in dieser Stadt, obwohl ich ein Ziel hatte. Die ganze Zeit, seit ich hier war in Memphis, hatte ich daran gedacht, mal im Telefonbuch nachzusehen, ob Alesha eintragen war, aber ich konnte mich nicht an ihren Familiennamen erinnern oder an einen Namen des Tierarztes. Jetzt, während ich durch die Straßen ging, auf dem Weg zu Sara Carters Buchladen, fiel mir der Name wieder ein. Prosser. Alesha Prosser.

10. KAPITEL
SEX MIT HANNA

Ich glaube nicht, dass ich den Namen noch einmal vergessen werde, nachdem er mir damals in Memphis plötzlich wieder einfiel. Niemand kannte sie in Winstel, außer Mutter, die sie in Dickens kennen gelernt hatte, wo Alesha im Krankenhaus arbeitete.

Für mich war Alesha so etwas wie eine geheimnisvolle Göttin, die mich aus meinem Dämmerzustand, in dem ich mich seit Jahren befand, aufweckte. Und wie sie das tat. Zuerst schaffte sie es, dass Vater durchdrehte. Und dann fing ich an, nur noch an Sex zu denken, und wenn ich an Sex dachte, dann fast immer nur an Sex mit ihr. In der Schule. Daheim. Auf dem Wasserturm, wenn ich mit Wayne dort oben saß und zum Rimrocks hinüberstarrte, die aus der Ferne aussahen wie der lang ausgestreckte Körper einer Frau, nackt und schlank, mit einer leichten Wölbung, wo sich der Bauch befand, und mit Brüsten, die in Wirklichkeit die Twin Buttes waren, zwei kahle Hügel, auf denen dann später unser Freund Santiago Gomez von Grenzbeamten niedergeschossen wurde.

Eine Zeit lang wollte ich immer vergessen, was geschah, als Alesha nach Winstel zu Lillys Geburtstagsfeier kam. Und vor allem, was ein paar Wochen später passierte. Weil ich nicht wahrhaben wollte, dass sich Alesha am Ende nur an Vater rächen wollte. Und ich machte es ihr leicht.

Es geschah etwa zwei Monate nach der Geburtstagsfeier. Vater hatte in Dickens ein Motelzimmer bezogen. Zusammen mit Alesha. Am Anfang drehte ich schier durch bei dem Gedanken daran. Mein Vater, schon fünfzig Jahre alt, und meine wunderschöne Alesha, die in meinen Träumen noch schöner war als in Wirklichkeit. Aber mit der Zeit gewöhnte ich mich an den Gedanken, dass ich sie verloren hatte. Egal, mit wem sie zusammen war, ich konnte sie nicht haben.

Dafür war Hanna für mich da. Mehr denn je. Ich spürte, dass demnächst etwas geschehen würde. Sex mit Hanna, dachte ich. Nicht einmal ihr Vater konnte es verhindern, weil er keine Ahnung davon hatte, wie stark unsere geheimen Wünsche wirklich waren und was wirklich in mir vorging.

Wir trafen uns oft beim Teich in der Brewster-Senke und schmusten stundenlang im Gestrüpp versteckt, wo die Dogwoodbüsche so dicht standen, dass uns niemand sehen konnte, nicht einmal Mitch, wenn er zufällig zum Teich kam, um nach seinen Kaulquappen und den Fröschen und Salamandern zu sehen. Für Wayne hatte ich fast keine Zeit mehr. Manchmal sah ich ihn in der Ferne allein auf dem Wasserturm sitzen, einsam wie noch nie, während ich voll ausgelastet war mit meinen wilden Träumen.

In der Schule konnte ich mich nicht mehr richtig konzentrieren. Mr. Blanchard rief sogar meine Mutter an und fragte sie, ob es daheim irgendwelche Probleme gäbe. Meine Mutter sagte, jede Menge, aber nicht erst seit heute, sondern seit er auf der Welt ist. Mr. Blanchard sagte, aha, obwohl er nicht genau wissen konnte, was Mutter meinte.

Hanna und ich, wir hatten die Lust am Sex entdeckt. Heimlich. Verboten. An einem Samstagabend, nach dem Kino, das nur an Wochenenden geöffnet war, knutschten wir im Schatten von Jesse Walkers Schuppen hinter der Tankstelle.

Hanna trug keinen BH und sie ließ mich ihre Brüste anfassen, wir küssten uns, und zwar richtig, mit meiner dicken Zunge in ihrem Mund und sie mit ihrer Zunge in meinem und den Mund weit aufgerissen, sodass ich manchmal das Gefühl hatte, wir wollten einander verschlucken. Mehr geschah nicht. Ich muss zugeben, dass ich so oft daran dachte, wie es sein würde, mit ihr Sex zu haben, dass ich jedes Mal ziemlich enttäuscht war, wenn es nicht geschah. Ich glaube, es war der Schatten ihres Vaters, in dem wir uns zu lieben versuchten, egal, wo wir uns versteckten, und das ist natürlich ein denkbar ungünstiger Platz, besonders fürs erste Mal. Und wenn wir uns wieder trennten, ohne dass es geschehen war, fürchtete ich, dass es wahrscheinlich nie geschehen würde, bis wir heirateten, falls wir überhaupt jemals heirateten.

Wie es in Hanna aussah, wusste ich natürlich nicht so richtig. Schließlich war sie ein Mädchen. Das schaffte ich einfach nicht, mich in sie hineinzudenken, aber ich glaube, sie war damals nicht wirklich bereit, mit mir zu schlafen oder so was. Wir fummelten zwar schon ziemlich gekonnt aneinander herum, aber wenn ich jetzt darüber nachdenke, was damals geschehen ist, glaube ich, dass sie alles nur mir zuliebe machte. Manchmal spürte ich es sogar, und das machte mich unsicher. Ich spürte, dass sie etwas tat, was sie eigentlich nicht tun wollte, weil sie ein anständiges Mädchen war, das jeden Sonntag mit ihren Eltern zur Heiligen Messe ging.

Kein Wunder, dass ich mehr an Alesha dachte als an Hanna, wenn ich allein war. Rückblickend denke ich, dass ich überhaupt nicht wirklich daran dachte, wie Sex mit Hanna sein würde, sondern nur noch, ob Sex mit Hanna so gut sein würde, wie ich mir Sex mit Alesha ausmalte.

Hanna hatte vielleicht gespürt, dass irgendetwas mit mir geschehen war, als ich mit Alesha getanzt hatte. In den Tagen danach fragte sie mich einige Male, was los sei. Nichts, sagte ich ihr. Im Nachhinein bin ich felsenfest davon überzeugt, dass es mir nicht gelang, Hanna etwas vorzumachen.

Felsenfest. Sie wusste Bescheid. Sie wusste besser Bescheid als ich, und sie fürchtete wohl wirklich, mich zu verlieren, wenn sie nicht meinem Verlangen nachgeben würde. Sie musste es sich hin und her überlegt haben, denn als wir es schließlich taten, genauer gesagt, als wir es schließlich versuchten, da ging sie so merkwürdig gezielt und beinahe abgebrüht vor, als hätte sie alles hundertmal zuvor durchdacht.

Hannas Eltern waren nicht da. Hin und wieder flogen sie über ein langes Wochenende zum Golf von Mexiko. Dort, in Galveston, besaßen Hannas Großeltern väterlicherseits ein großes Boot. Eine Jacht. Hanna war sonst immer mit ihnen gefahren. Dieses Mal nicht, obwohl ihre Großeltern ihren zweiundvierzigsten Hochzeitstag feierten. Hannas Fußballteam, die Sidewinders, hatte nämlich ein wichtiges Spiel gegen die Hotspurs aus Tonkawa auszutragen. Halbfinale der Meisterschaft unseres Countys. Nach dem letzten Training am Freitagabend kam sie brutal motiviert und völlig verschwitzt zum Spielfeldrand. Es war ein schwüler Abend, beinahe unerträglich heiß, obwohl die Sonne schon am Untergehen war. Ich saß auf der Metalltribüne, die Beine von mir gestreckt, meine alten Cowboystiefel staubig und die Jeans über dem linken Knie aufgerissen. Die Sachen klebten mir am Leib. Am liebsten wäre ich zum Teich hinuntergegangen, hätte alles ausgezogen und wäre schwimmen gegangen, aber Mitch hatte mir am Vormittag erklärt, dass der Teich fast nur noch ein stinkender Brei sei, der bald einmal austrocknete, falls es nicht endlich zu regnen anfinge. Jede Menge tote Frösche und Lurche. Mitch konnte mit seiner täglichen Hilfsaktion nicht alle retten, obwohl er manchmal in mehreren Gängen bis zu sechs, sieben Gallonen Wasser zum Teich hinunterschleppte und sich danach völlig erschöpft ins dürre Gras legte.

Hanna hatte den Ball unter dem Arm. Das T-Shirt klebte an ihr. Das Gesicht war voller roter Flecken, die Haarsträhnen nass vom Schweiß und vom Wasser, mit dem sie sich abgekühlt hatte, bevor Coach Bob seine Motivationsrede gehalten hatte. Eine Viertelstunde lang hatte die Rede gedauert, und ich hatte sie hören können, weil ein laues Lüftchen über den Platz wehte, direkt auf mich zu. Ich hörte Coach Bobs Worte und sie blieben in meinem Kopf hängen wie frisch gewaschene Unterwäsche an einer Leine.

„Leute, denkt daran, dass wir morgen eine Chance haben, der Meisterschaft einen großen Schritt näher zu kommen. Was wir bis jetzt gemacht haben, waren kleine Schritte. Der Sieg über die Hornets aus Parker, ein kleiner Schritt. Der Sieg über die Blue Devils aus Palo Duro, ein kleiner Schritt. Dann das Spiel gegen die Bisons aus Buckeye, ein halber Schritt nur, weil wir damals nicht bereit waren, das Letzte zu geben. Erinnert ihr euch? Eins zu null bei Halbzeit. Zwei zu Null. Dann dieser Elfmeter, der keiner war. Und anschließend der Ausgleichtreffer. Ich will euch nicht an dieses Spiel erinnern, denn ich weiß, wie dieses Unentschieden geschmerzt hat und jetzt noch schmerzt. Ich will euch nur sagen, was ich schon hundertmal gesagt habe, weil es ganz einfach die Wahrheit ist: Um ein Spiel gegen eine gute Mannschaft zu gewinnen, braucht es nicht nur fußballerische Fähigkeiten, über die ihr ohnehin alle verfügt. Es braucht Herz!"

Stille. Mit diesem einen Wort hatte er sie alle dort, wo er sie haben wollte. Mit diesem einen Wort gab er ihnen alles, was sie brauchten, um das Spiel am nächsten Tag gegen die Hotspurs zu gewinnen und was sie gebraucht hätten, um damals das Spiel gegen die Bisons aus Buckeye in den letzten Minuten noch einmal herumzureißen.

„Ich kenne euch, Leute. Ich weiß, dass morgen keiner

aufgibt, bevor das Spiel im Sack ist. Egal, wie es schmerzt. Egal, wie schwer die Beine werden. Egal, wie es im Kopf aussieht. Keiner gibt auf. Jeder kämpft bis zum Umfallen, das will ich sehen. Ich will sehen, dass ihr weiterkämpft, wenn ihr denkt, ihr habt die Kraft nicht mehr dazu. Ihr habt die Kraft, denn die kommt nicht von irgendwoher, sondern die kommt aus dem Herzen. Es gibt morgen für keinen von euch einen Grund aufzugeben, es sei denn, er kann nicht mehr und krepiert auf dem Platz. Aber bevor dies geschieht, kotzt ihr. Das ist das Sicherheitsventil, das jeder von euch eingebaut hat. Jeder kotzt, bevor er krepiert, glaubt es mir. Denkt daran, wenn ihr meint, es geht nichts mehr! Erst dann hol ich euch raus! Kurz bevor ihr krepiert, klar?"

Sie nickten und sagten: „Klar, Coach", und Hanna hob die Faust und rief: „Wir schlagen die Hotspurs! Und dann holen wir uns den Titel! Wir sind die Sidewinders! Wir wissen, dass wir jeden schlagen können!"

„Und warum wissen wir das?"

„Weil wir Herz haben!"

„Und wir kämpfen, bis wir umfallen und kotzen!"

Ich weiß nicht, wie Coach Bob das schaffte, aus Hanna ein kleines knallhartes Monster zu machen, das bereit war, der Torhüterin der Hotspurs mit ihren Stollen gegen das Knie zu treten. Genau das geschah nämlich am nächsten Tag, aber im Moment, als sie auf mich zukam mit ihrem Sportsack und den Sidewinder-Augen, da war mir nur klar, dass sie bereit gewesen wäre, für Coach Bob und das Team ihr Bestes zu geben.

Ich mag ihn nicht, Coach Bob, meine ich. Heute noch nicht. Ich mag nicht, wie er mit den Mädchen umgeht. Als wären sie Jungs. Aber das sind sie nicht. Ich habe ihn einmal sagen gehört, dass seine Mädchen besser sind als Jungs, weil sie keinen Schwanz hätten. Das sagte er im Lone Star

Café, und ich hörte es nur, weil ich mit Wayne reingegangen war, um eine Cola zu trinken, und Wayne war auf der Toilette und da hatte ich nichts anderes zu tun, als den Männern am Tisch beim Fenster zuzuhören. Und da sagte er es den anderen, sagte ihnen, dass die Jungs zu viele Probleme hätten, weil ihnen beim Denken der Schwanz in die Quere käme, und Rusty Farley, der mit seinem Zwillingsbruder Chris ein Reparaturgeschäft für Heizungen und Klimaanlagen betrieb, sagte, dass die Weiber noch ganz andere Probleme hätten, besonders wenn sie ihre Periode kriegten, wobei er nicht ‚Periode' sagte, sondern ‚Rote Zora' oder was, aber Coach Bob sagte, dass das nicht weiter schlimm sei, seit es Tampons gäbe, aber er fürchte, dass sie allesamt irgendwann während der Pubertät dicke Ärsche kriegen würden, weil das bei den Mädchen eben zur Veranlagung gehörte. Und Chris sagte, dass sein Weib einen Arsch hätte wie eines von den Budweiser Pferden, die den Bierwagen ziehen, und Rusty Farley lachte sich fast krumm bei dieser Vorstellung. Natürlich sagte ich Hanna nie, dass ich das alles mit angehört hatte, weil Hanna zu jenen Menschen gehört, die man richtig fertigmachen kann, wenn man sie dazu bringt, am Guten im Menschen zu zweifeln, und es gab auch wirklich keinen Grund, über Coach Bob schlecht zu reden, denn er behandelte die Mädchen anständig und war immer für sie da.

An diesem Freitagabend, nach dem Training, ging ich mit Hanna ein Stück den Pfad hinunter, der zum Brewster-Teich führt, und dort legten wir uns ins Gras und starrten zum Abendhimmel hoch, der schon voll war mit Gefunkel. Ich konnte nicht verhindern, dass ich richtig scharf wurde. Das ging in letzter Zeit ziemlich schnell bei mir. Ich brauchte mir nur vorzustellen, wie das wäre, wenn Alesha nackt neben mir liegen würde. Das war alles. Mein

Ding wurde so hart, wie wenn ich ein Büffelhorn in der Hose gehabt hätte oder so was, und ich konnte an nichts anderes mehr denken, selbst wenn ich mich anstrengte, an etwas anderes zu denken. Ich stellte mir vor, wie ich ihr die Hand zwischen die Beine lege und sie die Beine öffnet und mich mit diesem komischen Blick anschaut, weil sie weiß, dass es für mich das erste Mal ist, und sie nicht genau abschätzen kann, was jetzt kommt, aber egal, was es ist, sie will es auf jeden Fall.

Ich hatte Hanna natürlich nie was von meinen Alesha-Träumen erzählt. Sie wusste nur, dass Alesha mit meinem Vater zusammen war, aber in Winstel war allen klar, auch Hanna, dass Jim Fletcher eines Tages einfach wieder abhauen und Alesha auf der Strecke bleiben würde.

Wir lagen also da und die Mücken tanzten um uns herum und machten einen höllisch unangenehm klingenden Lärm, und ich dachte, jetzt passiert es, und wollte damit anfangen, ihr die Bluse auszuziehen und den Sport-BH, um ihre Brüste zu streicheln, aber sie sagte, sie wolle nicht, weil sie ganz verschwitzt sei. Wir könnten zu ihr nach Hause gehen, sobald es noch etwas dunkler würde, sagte sie, nur das wollte ich nicht und ich sagte es ihr und sie sagte, die Mücken seien eine Belästigung, und begann an sich herumzukratzen, aber ich glaube, das war eher die Aufregung als die Mücken, weil sich jeder, der länger als ein Jahr in Winstel lebt, an die Mücken gewöhnt und nicht einmal mehr merkt, wenn er gestochen wird. Während ich an ihr herumfummelte, begann mein Ding allmählich richtig wehzutun und Hanna bemerkte natürlich, was ich da in der Hose heranwachsen hatte, und sie begann mir am Ohr zu knabbern, während ich meine Hand in ihre Fußballshorts schob, und ich spürte die Gänsehaut auf ihren Pobacken, und dann berührten meine Finger plötzlich Haar und es war merkwürdig, wie drahtig sich das anfühlte, wo sie doch so stolz war auf ihr seidenweiches Haar. In diesem Moment dachte ich nicht an Alesha. Ehrlich. Ich dachte nur daran, alles richtig zu machen und dass ich keinen Gummi dabeihatte und höllisch vorsichtig sein musste, damit sie nicht plötzlich schwanger wurde.

Ausgerechnet in diesen Gedanken hinein flüsterte sie: „Ich mag dich, Brad, und manchmal denke ich daran, mit dir zu schlafen, aber ich glaube, das wäre verfrüht."

Verfrüht. Das sagte sie, während meine Finger beinahe dort anlangten, wo sie in meiner Phantasie schon hundertmal gewesen waren, aber sie presste ihre Beine zusammen.

„Verfrüht", keuchte ich. „Wie lang willst du denn noch warten? Bis es richtig Nacht ist oder bis wir alt und grau sind?"

Sie lachte und begann an meinem Arm herumzuzerren und ich zog die Hand aus ihren Fußballshorts und drehte mich auf die andere Seite, weil sie meinen Ständer nicht zu sehen brauchte, wenn sie sowieso nicht wollte. Und so lagen wir da und ich rührte mich nicht. Ich wartete nur darauf, dass sie sich bewegen würde, ein Bein bewegen oder einen Arm, sodass ich mich auch hätte bewegen können, aber sie bewegte sich nicht. Erst nach einer Weile spürte ich, wie sie sich an mich drückte, das heißt, ich spürte ihre Brüste an meinem Rücken und ihren Atem im Nacken, und ihre Hand glitt an meiner Seite herunter und über meine Hose, und dann tat sie etwas, was sie noch nie getan hatte, sie begann den Hosenladen meiner Jeans aufzuknöpfen.

Es war jetzt dunkel. Jede Menge Stechmücken trafen sich hier am Teich zu einem Open-Air-Konzert oder so was, Wolken von Stechmücken, und ich war bereit, wartete nur darauf, dass etwas geschehen würde, da sagte sie plötzlich, und ihre Stimme bebte wie nie zuvor, wir sollten zu ihr nach Hause gehen und uns im Pool abkühlen.

Ich drehte schier durch. Ich meine, da macht dir ein anständiges Mädchen, von dem du das nie erwartet hättest, einhändig den Hosenladen auf, während sie davon quatscht, zum Schwimmen zu gehen. Das geht nicht. Sie hatte die Hand in meiner Hose, hielt meinen Steifen in den Fingern wie einen Knüppel und redete vom Schwimmen.

Ich meine, alle Gedanken, die mir durch den Kopf wirbelten, waren überhaupt keine Gedanken mehr, sondern nur noch ein furchtbares Durcheinander von pubertärem Zeug, in dem natürlich auch Alesha auftauchte. Aber es war Hanna, die sich von hinten an mich herangedrückt hatte, und ich konnte es gar nicht fassen, als sie damit anfing, mir einen runterzuholen, wahrscheinlich wusste sie selbst nicht, was sie tat, weil sie es noch nie getan hatte und sowieso nicht tun wollte. Ich schwöre, dass ich nie im Leben mit so was gerechnet hatte. Dass sie so was tun würde, meine ich. Einfach so. Sich an mich herandrücken und das Ding in ihre Hand nehmen und so tun, als wäre es die selbstverständlichste Sache auf der Welt.

Wenn ich etwas dachte, falls ich noch etwas dachte, dachte ich höchstens, das gibt's doch nicht, und dann war es auch schon wieder vorbei. Wie ein Spuk oder so was. Wie ein Vulkanausbruch. Es dauerte höchstens ein paar Sekunden, bis das Ding in ihrer Hand explodierte. Ich spürte es deutlich und es fing nicht dort unten an. Es fing in meinem Kopf an, in dem sich plötzlich alles verkrampfte, das Blut staute sich in meinen Adern, es war, wie wenn irgendjemand heiße Luft durch mich hindurchblasen würde, und zwar volle Pulle, und dann spürte ich, wie ich es nicht mehr zurückhalten konnte, und all das Zeug spritzte mit Gewalt heraus, spritzte an meinem Bauch vorbei ins dürre Gras, und sie ließ nicht etwa los vor Schreck oder so was, sondern hielt ihn fest, bis sie merkte, dass es vorbei war, und sobald es vorbei war, wurde mir klar, dass ich Scheiße gebaut hatte. Und ich glaube, sie wusste es auch, denn sie ließ mein noch immer hartes Glied los und lief davon. Ich weiß heute noch nicht, wohin sie gelaufen ist, aber als ich mich erhob und mich damit abmühte, meinen Steifen trotz seiner Ungelenkigkeit einzupacken und die Jeans zuzuknöpfen, war sie verschwunden.

Ich rief nach ihr, aber sie gab mir keine Antwort, und ich suchte eine Weile herum, bis ich sie schließlich entdeckte. Sie hockte hinter einem der Cottonwoodbäume auf der anderen Seite der Senke und weinte. Ich setzte mich neben sie, und sie schluchzte, dass sie das nicht gewollt hätte.

„Das war blöd", sagte ich. „Das war saublöd."

Sie heulte neben mir und ich meine, sie heulte richtig Rotz und Wasser.

„Wir vergessen das besser, Hanna", sagte ich zu ihr. „Du hast mein Ding nie in die Hand genommen."

„D... d... d... dein Ding?", schluchzte sie. „O du lieber Gott ..."

Ich legte ihr zum Trost einen Arm um die Schulter. Sie tat mir leid. Liebe kleine Hanna. Immer anständig. Immer gut. Der Augapfel ihres Vaters. Der Liebling von Coach Bob. Und jetzt wusste sie nicht mehr, wer sie war.

Sie presste den Kopf gegen meine Schulter und weinte.

Ich ärgerte mich über mich selbst. Nicht, weil wir gemacht hatten, was wir gemacht hatten, sondern weil mir war, als hätte ich sie dazu gezwungen. Zumindest hatte ich es zugelassen. Ich hätte wissen müssen, dass sie sich hinterher entsetzlich schämen würde.

„Es ist nicht geschehen", sagte ich und der Wind, der plötzlich aufkam, wehte mir die Worte von den Lippen und trug sie in die Prärie hinaus und zum Ambush Canyon, wo sowieso jede Nacht flüsternde Stimmen zu hören waren, das behaupteten jedenfalls die alten Leute im Ort und die Cowboys. Es waren die Seelen jener, die vor über hundertfünfzig Jahren in den Hinterhalt einer Bande kriegerischer Komantschen geraten waren und bis auf heute keine Ruhe gefunden hatten. Ja, die Welt war voller Seelen, nur merken wir das zu selten.

11. KAPITEL
IM ROSA LICHT

„Komm, ich bringe dich nach Hause", sagte ich zu Hanna. Ich half ihr auf die Füße und wir gingen den Pfad hoch und Winstel lag zu unserer Rechten, eine Ansammlung neuerer Häuser und ein paar alte Gebäude, die aus Sandsteinquadern gebaut worden waren.

Das Haus ihrer Eltern stand auf einer Anhöhe, die man kaum als eine solche erkennen konnte, aber auf jeden Fall stand es höher als die anderen Häuser von Winstel und etwas abgesondert. Hanna weinte auf dem ganzen Rückweg und als wir vor ihrem Haus standen, fragte sie nicht, ob ich noch mitreinkommen wolle.

„Wäre ich doch nur mit Mom und Dad gefahren, dann wäre das nie passiert", sagte sie. Sie war völlig durcheinander und begann auf einmal davon zu reden, wie sehr sich ihre Großeltern immer freuten, wenn sie zu Besuch nach Galveston kam, und wie ihr Großvater ihr beigebracht hatte, einen Fisch auszunehmen, und dann fragte sie plötzlich, wann ich denn nun meine Großmutter in Memphis besuchen würde.

Ich hatte keine Lust, mit ihr über solche Dinge zu reden. Ich sagte ihr, dass ich jetzt nach Hause gehen müsse, und sie sagte, das sei schon okay. Wir küssten uns nicht einmal zum Abschied. Es war merkwürdig. Wir standen da und trauten uns nicht einmal anzusehen.

„Also", sagte sie. „Auf Wiedersehen."

„Ja", sagte ich. „Auf Wiedersehen."

Das war's. Ich ging nach Hause und holte den alten Schuhkarton hervor, der meinem Vater gehörte und der allerlei Krimskrams und die alten Fotos enthielt. Ich nahm das Foto zur Hand, das ich schon so oft studierte hatte, dass jede Einzelheit darauf in mein Gedächtnis eingeätzt war. Das Foto zeigte eine junge Frau, fast noch ein Mädchen, die auf einem Fahrrad saß, das heißt, sie stand über einem Fahrrad, mit einer Hand am Lenker und mit der anderen ihre Haare vor dem Wind schützend, und mit einem merkwürdigen Lächeln im Gesicht, halb fröhlich und halb misstrauisch, so als hätte sie jemand dazu überredet, von sich dieses Foto machen zu lassen.

Hinten auf dem Bild stand der Name meiner Großmutter. Lilly. Und eine Jahreszahl, die jemand ausradiert hatte. Nur noch schwach waren eine Eins und eine Neun zu erkennen.

So wie Lilly aussah, war sie damals etwa achtzehn Jahre alt oder so. Es ist nicht leicht, das Alter von Leuten zu bestimmen, die vor fast einem halben Jahrhundert fotografiert wurden, weil die damals Kleider trugen, die heute altmodisch aussehen, und weil sie merkwürdige Frisuren hatten.

Wie jedes Mal, wenn ich das Foto zur Hand nahm, studierte ich es lange. Lilly war eine zierliche und sehr hübsche junge Frau gewesen, mit blonden Haaren, die der Wind beim Fahrradfahren zerzaust hatte. Der Ausdruck in ihren Augen war neugierig, aber auch misstrauisch. Ein anderes Foto zeigte sie irgendwo auf einer Bank sitzend, gegen eine Bretterwand gelehnt, und neben ihr saß ein dunkelhäutiger, spindeldürrer Mann, der einen Hut trug, sodass man von seinem Gesicht nichts anderes sehen konnte als das Weiß der Augen und die Zähne, und der Mann trug einen Anzug und ein weißes Hemd und eine Krawatte. Er saß neben Lilly, aber es war eine Lücke zwischen ihnen, eine kleine Lücke, sodass sie sich nirgendwo berührten, und Lilly hatte ihre Hände im Schoß und saß stockgerade auf der Bank, und der dunkelhäutige Mann neben ihr saß auch stockgerade und hatte eine Gitarre auf den Knien. Sie lag einfach auf seinen Knien und er hielt sie mit der rechten Hand fest, seine linke Hand war ganz verschwommen, weil er mit ihr eben eine Bewegung machte, sich eine Zigarette in den Mund stecken oder aus dem Mund nehmen wollte. Auch dieses Foto betrachtete ich häufig, aber es hatte lange gedauert, bis ich den Rauchschleier vor der Holzwand entdeckte, den man nur sehen konnte, wenn man das Bild mit der Lupe betrachtete. Und das hatte ich einige Male getan. Hinten auf dem Foto stand JB drauf. Nichts sonst. Nur JB, aber ich glaube, es hatte noch etwas anderes auf der Rückseite gestanden, etwas, das mit einem Radiergummi ausgelöscht worden war. Selbst mit der Lupe konnte ich nicht mehr erkennen, was dort gestanden hatte, vielleicht auch eine Jahreszahl oder der Name eines Ortes. Ich behielt diese beiden Fotos und nahm mir vor, sie Lilly irgendwann zu zeigen.

Ich sagte es meiner Mutter.

Sie lachte.

„Lilly will von dieser alten Sache bestimmt nichts mehr wissen, Brad. Es hat sie lange genug geplagt."

Während der nächsten Tage schrieb ich Lilly einen Brief und sagte ihr, dass ich nach Memphis kommen würde. Sonst konnte ich mich auf nichts mehr konzentrieren. Was mir mit Hanna passiert war, trieb mich zum Wahnsinn. Einige Wochen lang konnten wir uns nicht mehr in die Augen sehen. Völlig bescheuert war das. Was hatten wir denn schon getan? Ich dachte sogar daran, mal mit jemandem darüber zu reden. Mit Wayne vielleicht, oder mit Reverend Birch von der Baptisten-Kirche. Ich tat es nicht. Stattdessen wurde mir in langen unruhigen Nächten immer klarer, dass mich nur noch Alesha retten konnte. Aber wie, wusste ich auch nicht. Deshalb war es kein Wunder, dass ich auf den verrückten Gedanken kam, mit Jesse Walkers Pickup nach Dickens zu fahren um Alesha zu besuchen. Ich wusste nur, dass sie ein Zimmer im Starlight Motel hatte. Ich fragte Jesse Walker, ob er mir den Pickup mal leihen würde. Er grinste, sagte, dass ich mich von den Cops nicht erwischen lassen solle, und reichte mir die Schlüssel. Ich ging erst nach Hause, duschte, schmierte mir Pomade ins Haar, zog mein bestes Hemd an und sagte nur Wayne, dass ich nach Dickens fahren würde, um Alesha zu besuchen.

Seine Augen leuchteten auf. Wahrscheinlich dachte er an das Gleiche wie ich.

„Du bist ein verrückter Hund, Brad“, sagte er. „Wie dein Vater.“

„Nicht wie er“, widersprach ich, aber irgendwie machte es mich auch stolz, dass er das meinte.

Ich fuhr auf der schnurgeraden Überlandstraße nach Dickens, bog auf den Parkplatz des Starlight Motels ein und fragte in der Lobby nach Alesha Prossers Zimmer. Der Mann musterte mich von Kopf bis Fuß.

„Kenne ich dich?“, fragte er, weil er mich nirgendwo unterbringen konnte.

„Kaum“, sagte ich. „Ich war noch nie hier.“

„Und wer bist du?“

„Steve Prosser“, sagte ich. „Aleshas Bruder.“

„Oh. Wusste ich gar nicht, dass sie einen Bruder hat. Aber der Pickup draußen, ist das nicht der Pickup von Jesse Walker in Winstel.“

„Stimmt“, sagte ich.

Er stellte keine weiteren Fragen mehr und sagte mir Aleshas Zimmernummer. Ich hatte eiskalte Hände, als ich den Gang hinunterging, vorbei an den anderen Zimmertüren und an den Fenstern, von denen einige dunkel waren, während in anderen Licht durch die Vorhänge schimmerte. Nummer achtzehn. Ich blieb davor stehen. Fast hätte mich der Mut verlassen und ich hätte mich umgedreht und wäre davongerannt. Aber dann klopfte ich an und sie öffnete die Tür, stand da in ihrem durchsichtigen Nachthemd, das rosa Licht hinter ihr, und sie sagte kein Wort und ließ mich eintreten.

So war das damals. Alesha rettete mich vor dem Wahnsinn, ganz gleich, ob sie sich nur an meinem Vater rächen wollte. Das sagte sie mir natürlich nicht und mir wäre es auch egal gewesen. Ich war gekommen, weil ich sie brauchte, und für sie war es vielleicht ein Spiel, bei dem sie zum ersten Mal nur gewinnen konnte.

Und so wie sie mir an Lillys Geburtstagsfeier das Tanzen beigebracht hatte, führte sie mich aus meinen Träumen in die Wirklichkeit zurück, in der ich mich so verloren gefühlt hatte. Als ich nach Winstel zurückfuhr, war ich wieder so wie vorher, bevor das mit Hanna passiert war. Ganz der alte Bradley. Nur wollte ich mich so leicht nicht mehr aus der Bahn werfen lassen. Von niemandem.

12. KAPITEL
BEALE STREET BLUES

Der Secondhand-Buchladen von Sara Carter befand sich an der South Lauderdale Street, einer Querstraße zur Beale Street. Als ich eintrat, bimmelte eine kleine Glocke über der Tür. Ich konnte nicht sehen, ob jemand im Laden war. Der ganze Raum war mit Büchern derart vollgepfropft, dass man sich kaum umdrehen konnte, ohne eines der Regale umzustoßen, was wiederum zu einer Katastrophe geführt hätte, weil ein stürzendes Regal alle anderen Regale, die kreuz und quer im Laden standen, umgestoßen hätte. Dominoeffekt. Und ich wäre unter hunderttausend alten Büchern begraben worden und kein Schwein hätte mich je wieder gefunden, höchstens vielleicht ein Antiquar, der nach einem ganz bestimmten wertvollen Werk gegraben hätte.

Ich wagte mich nicht zu rühren, stand zwischen zwei Regalen, deren Bretter sich unter der schweren Last jahrhundertealten Wissens durchbogen und wartete darauf, dass jemand erscheinen würde. Eine Minute verging. Dann eine zweite. Die Luft im Laden und die Stille machten mich dösig. Ich schlief beinahe im Stehen ein, aber dann schreckte mich das Rauschen einer Klospülung auf, die auf einen Schlag loslegte. Ein Wasserfall, dann ein brutales Gurgeln, als ob ein Schlund sich öffnete, um den ganzen Buchladen zu verschlucken. Schließlich das gewohnte Rauschen. Sonst nichts. Ich ging vorsichtig zwischen den Regalen hindurch, bis ich zu einem alten Schreibtisch kam, der umstellt war von Büchertürmen und Bücherbergen. Eine graue Katze, die in dem Durcheinander lag, das jemand auf dem Schreibtisch angehäuft hatte, belauerte mich mit blassgelben Augen. Ich kriegte eine Gänsehaut, wollte mich umdrehen und hinausgehen, als sich hinter dem Schreibtisch ein dunkelroter Samtvorhang öffnete und eine kleine Gestalt sichtbar wurde, die ich zuerst für eine Riesenkrähe hielt. Erst beim zweiten Hinsehen konnte ich im Halbdunkel erkennen, dass es sich bei der Gestalt nicht um einen Vogel handelte, sondern um eine alte Frau, die von der Bürde ihrer Jahre krumm geworden war, als hätte sie zuweilen die Last aller Bücher auf ihrem schmalen Rücken getragen.

Über die Gläser einer Brille hinweg blickten mich zwei dunkle Augen an.

„Hast du irgendein Problem, Junge?", fragte mich eine Stimme, die genauso gut zu einer Krähe gepasst hätte.

„Ich? Überhaupt nicht."

Sie nickte.

„Gut. Aber ich habe eins. Die Klospülung funktioniert nämlich wieder mal nicht. Genauer gesagt liegt das am Wasserkasten. Und ich komm nicht hoch, verstehst du? Nicht mal auf den Zehenspitzen. Kannst du mir mal helfen?"

Ich hob die Schultern und die Frau öffnete den Vorhang und eine schmale Tür dahinter. Die Toilette war so winzig, dass ich mich beim Eintreten unwillkürlich fragen musste, wie man sich hier denn seinen Hintern putzen konnte, ohne sich dabei zu verrenken und einen Rückenwirbel zu brechen.

Der Wasserkasten befand sich an der Wand über der Kloschüssel, die keinen Deckel hatte.

Ich stellte mich auf die Brille, und unter den krächzenden Anweisungen der alten Frau gelang es mir, irgendeine verrostete Kette anzuheben, die zwischen dem Auslaufverschluss und dem Fallrohr eingeklemmt war, sodass das einfließende Wasser jetzt wieder im Kasten blieb und nicht fortan durch das Rohr in die Toilettenschüssel abfloss, die übrigens aus dem Elfenbein eines gelbbraunen Elefantenzahnes hergestellt worden sein musste.

„Danke, mein Junge, vielen Dank“, bedankte sich die Krähe. „Weißt du, ich sollte das Ding mal flicken lassen, aber dann denke ich immer, ich hör sowieso bald auf und dann kommt der große Bulldozer und macht hier alles dem Erdboden gleich.“

„Die Bücher müssen gerettet werden“, sagte ich im Brustton der Überzeugung, weil mir nichts Dämlicheres einfiel, aber ich glaube, sie hörte mich gar nicht, denn sie setzte sich hinter den Schreibtisch, rückte ihre Brille zurecht, begann die Katze zu streicheln und blickte zu mir auf.

„Einen wie dich habe ich hier drin schon lange nicht mehr gesehen, Junge. Manchmal kommen Studenten rein und suchen irgendwelche ganz bestimmten Sachen, aber so ein kleiner Furz verirrt sich selten hier her. Der Letzte in deinem Alter, der hier reinkam, hatte 'ne Knarre dabei. Wollte die Kohle. Stellt der sich doch glatt vor mich hin und sagt: Rück mal die Kohle raus, Alte! Ich hab ihm gleich eine gescheuert und da ist er abgehauen. Später tat er mir leid. Sah ziemlich verwildert aus, der Arme, keine dreizehn war der. Aber die Cops sagten, ich hätte alles falsch gemacht. Immer die Kohle gleich hergeben, sagen die Bullen. Weil diese kleinen Punks keinen Respekt mehr haben vor nichts. Nicht vor dem Leben und schon gar nicht vor dem Besitz eines andern. Die ballern gleich drauflos, egal, ob da zehn Dollar in der Kasse liegen oder nur zwei fünfzig.“

„Ich bin hier, weil ein Cop mir gesagt hat, Sara Carter wüsste Bescheid über das, was hier vor etwa fünfzig Jahren abgegangen ist. Vor dem Krieg.“

„Fünfunddreißig, sechsunddreißig. Die Zeit der Dürre? Mr. Steinbeck hat seinen großen Roman darüber geschrieben. ‚Früchte des Zorns'.“

„Hab ich noch nicht gelesen.“

„Dann wird's aber Zeit, Junge", sagte sie vorwurfsvoll. „Dort drüben steht's im Regal. Taschenbuchausgabe. Nicht mehr im besten Zustand. Ich schenk es dir."

„Danke."

„Und was willst du von mir wissen, Junge?"

„Alles."

„Da bist du am falschen Ort. Ich weiß viel, aber ich weiß nicht alles. Wenn du jemanden suchst, der alles weiß, dann versuch's mal in der Kleiderreinigung nebenan. Da arbeitet eine Göre, die Gina heißt und so redet, als wüsste sie alles."

„Alles, was hier damals geschehen ist", verbesserte ich mich.

„Hier?" Sie drehte den Kopf zur Seite, so, als ob sie mich besser sehen könnte, wenn sie mich nur mit einem Auge anschaute.

„Kannten Sie JB?"

„JB?" Die Krähe blickte mich mit einem Auge an, blickte in mich hinein und studierte mein Innenleben genau. Ich kam mir vor wie ein aufgeschlitzter Fisch, dem jemand mit dem Daumen die Innereien herausholte.

„Was willst du über JB wissen?"

„Was damals geschah, als er den Mann erschoss."

„Das weißt du?"

„Ich habe davon gehört."

„Und warum interessiert es dich?"

„Meine Großmutter hat mir davon erzählt."

„Deine Großmutter?"

„Ja."

„Und wer ist sie?"

„Meine Großmutter."

Sie lachte auf. „Ziemlich verstockter kleiner Furz bist du, nicht wahr? Wie heißt du?"

„Brad."

„Ich bin Sara Carter", sagte sie. „Warum fragst du nicht deine Großmutter, wenn sie dir davon erzählt hat."

„Ich werde sie schon noch fragen."

Die Krähe kraulte die Katze jetzt zärtlich hinterm Ohr. Sie blickte mich nicht mehr an. Ihr Blick war kein Blick mehr. Ihre Augen hatten sich wahrscheinlich nach innen gedreht, damit sie besser sehen konnte, was in ihrem Kopf abging. Ich stand nur da, und ich hatte Schiss. Hatte Schiss, dass irgendetwas passieren würde. Dass sie in meiner Anwesenheit einen Herzschlag bekam. Oder dass die Katze mich plötzlich ansprang und sich während des Sprungs in einen ausgewachsenen Panther verwandelte. Dieser Laden war mir ziemlich unheimlich und ich wünschte mir, ich wäre nie hergekommen, aber nun war ich da, und ich wartete darauf, dass die Krähe mir irgendetwas sagen würde. Und das tat sie.

„Es war keine gute Zeit damals", begann sie. „Nicht wie in den Zwanzigerjahren, als die Straße die Besten herlockte. Von überallher kamen sie, die Großen jener Zeit. Ich nenne dir nur einige Namen, Junge, aber diese Namen klingen in meinen Ohren wie Musik. William Bailey ..." Sie lauschte dem Namen nach, als klänge er tatsächlich wie eine zauberhafte Melodie, die aus dem Nichts an ihre Ohren drang und fuhr dann leise mit dem Aufzählen fort: „Johnny Dunn, George Duff, der Kornettspieler bei den Georgia Minstrels, Furry Jackson, Sleepy John Estes, Bukka White, Willie Weldon und Noah Lewis. Alle waren sie jung, damals. Alle hatten sie große Träume. Ihre Musik in die Welt hinaustragen, nach Chicago und New York, nach Paris, Berlin und London. Einige von ihnen haben es geschafft, aber es gab auch welche, die sind später auf der Strecke geblieben. Vor dem Krieg war die Beale Street gnadenlos. Wer nicht höllisch aufpasste, den vernichtete sie. Und einer von denen war JB Swift."

„Was ist geschehen?"

„Er hatte alles, was er wollte. Er hatte mehr Talent als alle andern. Mehr Glück. Freunde überall. Frauen folgten ihm auf Schritt und Tritt. Vergötterten ihn. Wollten bei ihm sein. Sein Kind kriegen. ‚Die Legende', so nannte man ihn. Er nahm seine ersten Schallplatten auf. Sein Song ‚Bayou Baby' wurde im Radio gespielt, kam sogar in die Hitparade. JB war in New York gewesen und in Chicago. Dann kam er zurück in die Straße, die ihn groß gemacht hatte. Beale Street. Aber hier war alles anders geworden in den Jahren kurz vor dem Krieg. Die Alten waren weggezogen und Gesindel hatte ihre Stelle eingenommen. Alle wollten schnelles Geld verdienen. Niemand folgte mehr den alten Regeln. Aus den wundervollen Tanzhallen wurden Lokale, in denen um Geld gespielt wurde. Es wimmelte von Zuhältern und ihren Mädchen. Es war keine gute Zeit, sag ich dir, keine gute Zeit. Nichts mehr war, wie es einmal gewesen war. Nichts mehr."

„Was geschah mit JB Swift?"

„Was geschah mit JB? Ich sag dir, was mit JB geschah. Er machte einen Fehler, Junge. Er machte den großen Fehler, sich in ein weißes Mädchen zu verlieben. Viele der anderen hätten diesen Fehler auch gern gemacht, aber JB war der, der sich nicht aufhalten ließ. Warnzeichen gab es genug. Daran kann ich mich erinnern. Seine Freunde warnten ihn. Er lachte sie aus. Er glaubte, unantastbar zu sein. Unbezwingbar. Er machte dieses Mädchen, ein zierliches hübsches Ding aus der Vorstadt, zu seiner Freundin. Keine Ahnung, wo er sie aufgegabelt hat. Ich glaube, das erste Mal traf er sie woanders. Aber dann kam sie eines Tages in das Royal Blue. Zusammen mit einem Wicht namens Crazy Legs. Ein Stepptänzer. Ziemlich schlüpfriger Typ, dem man nachsagte, er hätte Verbindungen zur Unterwelt und zur Polizei. Keine Ahnung, wer er war. Tauchte plötzlich auf wie ein Spuk, und als alles vorbei war, war er nicht mehr da. Wenn ich mich recht erinnere, nahm ihm JB das Mädchen weg. Und das nagte an Crazy Legs wie mit Rattenzähnen. Machte ihn ganz kaputt. Wahrscheinlich dachte er an nichts anderes mehr als daran, wie er es JB heimzahlen konnte. Und irgendwann kam er auf die Idee, mal mit ihrem Vater zu reden. Das war der Anfang vom Ende. Ich glaube, JB wurde mehrere Male gewarnt, aber er hörte auf niemanden. Ich glaube, er liebte dieses Mädchen wirklich. Ich meine, er hätte sie alle haben können, die Schönsten der Schönen, aber er hat sie gewählt. Und er vergötterte sie. Niemand durfte auch nur eine Andeutung machen, schon drehte er durch. Später erfuhr ich, dass er ein ganzes Jahr lang auf ein Wiedersehen mit ihr gewartet hat, ohne eine der anderen Frauen auch nur anzurühren. Und dann kam es, wie es kommen musste. Niemand weiß genau, was geschah, und eine Zeit lang machten allerlei Gerüchte die Runde. Es hieß, der Vater des Mädchens hätte JB angerufen und sich sogar mit ihm getroffen. Es hieß auch, er hätte versucht, das Mädchen in ein anderes College zu schicken, in Boston oder sonst wo, wo betuchte Leute ihre Kinder ins College gehen lassen. Man sagte später auch, JB hätte dem Vater des Mädchens angedroht, mit ihr nach New York zu fahren und sie dort zu heiraten. Und da muss dem Vater der Kragen geplatzt sein. Er soll gute Beziehungen zu einigen höheren Beamten der Stadt gehabt haben. So auch zum Polizeichef. Eines Nachts, als das Mädchen im Royal Blue war, machten die Cops eine Razzia. Sie verhafteten JB. Das Mädchen nahmen sie mit und händigten es seinem Vater aus. Ich weiß nicht, was die Cops mit JB gemacht haben, aber als sie ihn wieder freiließen, war er ein anderer Mensch.

Nur wusste das niemand, weil er sich nichts anmerken ließ. Nach außen war er immer noch der alte JB, den wir alle kannten und den viele von uns Mädchen anhimmelten, obwohl wir alle wussten, dass er sein Herz diesem weißen Mädchen gegeben hatte. Lilly hieß sie, glaube ich. Lilly. Und wenn er mit ihr war, lachte er und war glücklich. Niemand ahnte, welcher Zorn in ihm schwelte. Er konnte das alles gut verbergen. Ich glaube, er hat nicht einmal ihr jemals gesagt, wer für die Razzia und für seine Verhaftung verantwortlich war. Später hörte ich, dass er sich von Perkins einen Revolver gekauft hatte."

„Wozu?"

„Wozu kauft einer denn einen Revolver, Junge?"

„Um jemanden umzubringen."

„Möglich, dass er das tun wollte. Aber wen? Ihren Vater bestimmt nicht. Ich denke, dass er den Revolver aus einem anderen Grund gekauft hat, nämlich um sich zu schützen."

„Vor wem?"

„Ich glaube, dass er wusste, wer sein Glück zerstören wollte. Crazy Legs. Man sagte später, der Vater des Mädchens hätte Crazy Legs Geld gegeben, um JB eine Lektion zu erteilen. Eine allerletzte Warnung. Aber JB war wachsam. Im Royal Blue kamen sie nicht an ihn ran, weil er immer von Freunden umgeben war. Sie mussten ihn woanders abfangen, aber er war meistens mit dem Mädchen zusammen. Sie belauerten ihn bestimmt mehrere Wochen lang, bevor sie bereit waren, ihren Auftrag auszuführen und das Blutgeld dafür zu kassieren. Sie warteten vor Frank's Café auf ihn und auf das Mädchen. Ich war damals im Café. Ich sah sie beide an ihrem kleinen runden Tisch sitzen, und sie hielten sich an den Händen und redeten miteinander und lachten und ich dachte, dass es eine Sünde wäre, dieses Glück zu zerstören, obwohl ich natürlich eifersüchtig war und das

Mädchen hasste, das sich bei uns eingeschlichen hatte und uns einen unserer besten Männer wegnahm. Ich war noch im Café, als JB bezahlte. Dann gingen sie hinaus und was draußen geschah, das weißt du ja."

„Ich hörte nur, dass sie das Mädchen von ihm wegrissen und ihn dann zusammenschlugen. Mit einem Baseballschläger."

„Ja. Ich hab das Geschrei gehört und die Flüche, und als ich ans Fenster stürzte, da lag JB bereits am Boden, und die Männer rannten davon, und da hatte er plötzlich den Revolver in der Hand und schoss. Einer der Männer, der mit dem Baseballschläger, stürzte und ich dachte erst, der ist nur gestolpert und steht gleich wieder auf und läuft weiter, aber er stand nicht mehr auf und dann sah ich das Blut, eine richtige Lache unter ihm, und ich weiß nur noch, dass ich hinauslief, und JB stand da und starrte den Revolver in seiner Hand an, als hätte er ihn noch nie zuvor in seinem Leben gesehen. Er wusste in diesem Augenblick, dass er alles verloren hatte, und er konnte nichts tun, um irgendetwas ungeschehen zu machen. Er konnte nichts mehr retten, nicht einmal sich selbst. Er ließ sich widerstandslos von den Cops verhaften und später machte man ihm den Prozess, und er sagte während der ganzen Gerichtsverhandlung nicht ein einziges Wort. Nichts."

„Er wurde verurteilt."

„Wegen vorsätzlichen Mordes. Die Staatsanwaltschaft verlangte das Todesurteil, aber der Richter ließ Milde walten und verurteilte JB Swift zu ‚lebenslänglich'. Wenn etwas ungerecht ist, dann ist es dieses Urteil. Das wusste jeder hier in der Straße. Dass es nicht vorsätzlicher Mord war. Ja, wenn es überhaupt ein Mord war, dann geschah er im Affekt. Ein Affektmord oder so was. Für viele war es nichts anderes als Notwehr, aber die Kugel hat den Mann in den

Rücken getroffen, und daraus kann natürlich der beste Anwalt keine Notwehr machen. Schon gar nicht bei einem Nigger, der einen Weißen niederschießt. Umgekehrt schon, aber nicht so. Umgekehrt gibt es das gar nicht, Mord an einem Nigger. Jedenfalls gab es das damals nicht, verstehst du?"

„Verstehe", murmelte ich, obwohl ich im Moment ziemlich durcheinander war und zuerst einmal Ordnung in meine Gedanken bringen wollte.

„Man sagt, dass JB im Knast gestorben ist, vor einigen Jahren. Auf jeden Fall hat man ihn nie mehr hier gesehen und man hat auch nie mehr etwas von ihm gehört, außer, dass er gestorben ist."

Die Krähe erhob sich von ihrem Stuhl und kam um den Schreibtisch herum, zwischen den Büchertürmen hindurch. Sie nahm mich beim Arm.

„Du willst nicht glauben, dass er tot ist, stimmt's?"

„Vielleicht ist er tot, vielleicht nicht. Ich werde es herausfinden."

„Und dann?", fragte die Krähe.

„Ich werde ihn suchen. Und wenn er gestorben ist, finde ich sein Grab."

Sie nickte, als hätte sie nichts anderes von mir erwartet, erhob sich mit einem Seufzer und humpelte an mir vorbei, klein, schwarz und mit hochgezogenen Schultern, so, als wäre sie tatsächlich dabei, sich in eine verkrüppelte Krähe zu verwandeln.

Vor einem der Regale blieb sie stehen und angelte ein dünnes Buch zwischen den anderen Büchern hervor. Das Buch war in schwarzes Leinen gebunden und sah ziemlich zerlesen aus. Sara Carter humpelte zurück zum Schreibtisch und setzte sich wieder hin. Wortlos schlug sie das Buch auf und blätterte durch die Seiten. Ich stand da und wusste nicht, ob ich stehen bleiben oder weggehen sollte. Es dauerte etwa zwei Minuten, bis sie plötzlich aufhörte, in dem Buch zu blättern.

„Da“, sagte sie. „Das interessiert dich vielleicht.“ Sie schob mir das Buch zu. Die Katze krallte danach, erwischte es aber nicht. Auf der einen Seite, die sie aufgeschlagen hatte, war eine Fotografie abgedruckt. Schwarz-weiß. Sie zeigte einen Mann, der im hellen Anzug an einer Bar lehnte. Der Mann trug keinen Hut. Sein Gesicht war dunkel, das Licht in der Bar schlecht. Trotzdem konnte ich erkennen, dass er nicht JB war. Er war kleiner und dünner. Unter dem Bild stand, dass es sich bei dem Mann um Bukka ‚Crazy Legs' Harris handelte, an der Bar seiner neu eröffneten Kneipe ‚Crazy Legs Dance Club' in Baton Rouge.

Ich versuchte dem Mann in die Augen zu sehen, aber er hatte sie geschlossen. Grinste mit geschlossenen Augen in die Kamera, so, als hätte er sie in Erwartung des Blitzes zugemacht.

„Was siehst du?“, fragte mich Sara Carter.

„Einer, der sich vor dem Licht fürchtet“, sagte ich.

„Eine kleine Ratte“, sagte sie. „Ich habe ihn nie gemocht. Er hatte etwas Fieses an sich. Wusste über alle Leute Bescheid, ohne wirklich etwas zu wissen. Durchtrieben war er auch. Hatte immer klebrige Hände. Ich kann mich gut an seine klebrigen Hände erinnern, weil ich zwei- oder dreimal mit ihm geschlafen habe.“ Sie nahm das Buch in ihre mageren Hände und betrachtete das Bild.

„Was du dir genau anschauen sollst, ist die Gitarre an der Wand hinter der Bar, Junge. Mir ist die Gitarre sofort aufgefallen, als ich dieses Bild zum ersten Mal sah.“

Sie schob mir das Buch wieder zu. Hinter der Bar, an der Crazy Legs lehnte, waren einige Gitarren aufgehängt.

„Welche?“, fragte ich.

Sie zeigte mit ihrem Krallenfinger darauf.

„Das war JBs Gitarre. Er nannte sie ‚The Ham'. So war er. Andere gaben ihrer Gitarre den Namen ihrer Geliebten, aber JB nannte sie seinen Schinken."

Ich studierte die Gitarre, konnte aber an ihr nichts Besonderes entdecken.

„Woher wissen Sie, dass das JBs Gitarre ist?"

„Ich weiß es, Junge, weil ich diese Gitarre gut kenne. Ich habe sie oft genug in seinen Händen gesehen. Und hinten, wenn du sie umdrehen würdest, da steht drauf, wem sie gehört. Da steht ‚JB' drauf."

„Und wie ist Crazy Legs in ihren Besitz gekommen?"

Sie antwortete mit einem Schulterzucken.

„Keine Ahnung, Junge. Aber ein paar Wochen nach der Urteilsverkündung verließ Crazy Legs Memphis. Niemand wusste, wohin er ging. Ein Jahr später eröffnete er in Baton Rouge den Tanzclub, und JBs Gitarre war das Prunkstück seiner kleinen Sammlung von Gitarren berühmter Bluesmusiker."

„Lebt Crazy Legs noch?"

„Weiß ich nicht, Junge. Ich weiß nur, dass es den Tanzclub nicht mehr gibt. Dort, wo er einmal war, dort steht jetzt ein Bankgebäude." Sie tippte mit dem Finger auf das Buch. „Das steht schon Jahre im Regal, Junge. Wenn du es haben willst, schenk ich es dir."

„Danke", sagte ich und wollte das Buch vom Tisch nehmen, aber sie legte eine Hand auf meine Hand und hielt sie fest.

„Keine Ursache", sagte sie. „Sag mir, Junge, wie heißt deine Großmutter?"

„Lilly."

Ich entzog ihr meine Hand, nahm das Buch vom Tisch, drehte mich um und wollte hinausgehen.

„Vergiss nicht, das Steinbeck-Buch mitzunehmen, Junge", rief sie mir nach. „‚Früchte des Zorns'."

Ich suchte nach dem Buch, fand es auf einem der überladenen Regalbretter und steckte es ein. Dann verließ ich den Buchladen. Draußen holte ich erst einmal tief Luft. Es war Nachmittag. Die Sonne schien. Ich machte mich auf den Weg zum Heim.

13. KAPITEL
DIE EHRE DER FAMILIE

Sie saßen am gleichen Tisch beim Eingang der kleinen Halle, tranken Kaffee und aßen Kuchen. Genau wie damals, als ich neun gewesen war und mit meinem Vater zum ersten Mal hierhergekommen war. Nichts hatte sich geändert, obwohl es nicht mehr dieselben alten Leute waren, die dort saßen. Die Alten von damals, die hatten längst anderen Alten Platz gemacht. Nur das Spiel war das gleiche geblieben. Sie belauerten einander wie vier windzerzauste Krauskragengeier. Keiner redete. Vier Männer, keine Frau. Ich dachte, dass Sara Carter gut zu ihnen gepasst hätte. Sie aßen ihren Kuchen und der eine, ein blasser Mann, der eine fast durchsichtige Gesichtshaut hatte und rot geränderte Augen, döste ein. Der im Rollstuhl hatte nur darauf gewartet, klaute ihm glatt ein Stück Kuchen vom Teller. Auch der Dritte griff zu, aber er benutzte die Finger, und nachdem er das Stück gegessen hatte, leckte er sie sorgfältig ab.

„Unmöglich ist das“, sagte der im Rollstuhl.

„Was?“, sagte der andere.

„Wie du deine Finger ableckst. Da wird mir beim Zusehen übel.“

Der andere sagte nichts, schien sich zu überlegen, was der im Rollstuhl überhaupt gesagt hatte.

Eine Frau, die am Fenster saß, verlangte nach der Schwester.

„Die hat wieder in die Hose gepinkelt“, sagte der Fingerlecker. „Ich kann's riechen.“ Er drehte sich langsam auf dem Stuhl, bis er die Frau am Fenster im Blickfeld hatte. Die Frau klopfte mit ihrem Gehstock ungeduldig auf den Boden und rief noch lauter nach der Schwester.

„Lass dir Windeln anziehen, Sue“, rief er der Frau zu.

Der Beo sagte etwas, was ich nicht verstand. Die Aufzugtür ging auf und ich prallte beinahe mit der Pflegerin Rhonda zusammen.

„Hallo, Brad. Lilly geht es heute Nachmittag nicht sehr gut. Sie wollte, dass ich die Vorhänge zuziehe."

„Ist sie wach?"

„Ich denke schon. Sie liegt im Bett, aber ich glaube, sie ist in Gedanken woanders. Ich habe sie gefragt, aber sie gab mir keine Antwort. Manchmal denke ich, dass sie nichts mehr hören will, und nichts mehr sehen."

Ich fuhr mit dem Aufzug hinauf. Im Zimmer herrschte Halbdunkel. Lilly lag im Bett, die Augen geöffnet. Sie hörte mich nicht hereinkommen. Erst als ich mich räusperte, drehte sie den Kopf so, dass sie mich sehen konnte. Sie sah müde aus. Ihr Haar war ungekämmt.

„Ich habe so lange auf dich gewartet, Bradley", sagte sie, obwohl nur etwa drei Stunden vergangen waren, seit ich sie nach dem Essen bei McDonald's zum Heim zurückgebracht hatte.

„Wir waren am Mittag zusammen essen", sagte ich.

„Das war gestern", widersprach sie mir, und ich begriff, dass es zwecklos war, sie in diesem Punkt korrigieren zu wollen. Ich ging zu ihr und half ihr, sich aufzusetzen. Ich nahm eines der Kissen und schob es hinter ihren Rücken.

„Die Sonne scheint", sagte ich. „Wenn du nichts dagegen hast, mach ich die Vorhänge auf."

Sie hatte nichts dagegen. Ich zog die Vorhänge auf und öffnete das Fenster. Die Sonne schien in das Zimmer. Ihr Licht schien Lillys Batterien aufzuladen. Ich sah es in ihren Augen, wenn ihre Lebensgeister erwachten. Diese wundervollen Augen. Ich wünschte mir, ich hätte sie mir mal kurz ausleihen können, um in die Vergangenheit zu sehen.

„Ich hätte gestern Abend nichts mehr essen sollen. Irgendetwas hat mir die ganze Nacht auf dem Magen gelegen. Es hat Hühnchen gegeben und Broccoli."

„Vielleicht war es der Big Mac von heute Mittag", spöttelte ich.

„Bestimmt nicht", antwortete sie. Ich sah ihr an, dass sie jetzt wieder wusste, wo wir zu Mittag zusammen gewesen waren, aber sie hatte bereits wieder vergessen, dass sie eben noch felsenfest davon überzeugt gewesen war, wir hätten uns heute noch gar nicht gesehen.

„Schwester Rhonda meinte auch, es sei der Big Mac gewesen, aber das glaube ich nicht. Die anderen Leute hier, die können einen Big Mac nicht mehr vertragen, aber ich bin von einem Big Mac noch nie krank geworden, wohl aber von dem Zeug, das man uns hier manchmal auftischt."

Ich versprach ihr, vor meiner Abreise noch einmal mit ihr einen Big Mac zu essen, mit Pommes und einer großen Cola und viel Ketchup. So wie es sich eben für Junk-Food-Freaks wie uns beide gehörte.

„Ich will dir etwas ganz Wichtiges erzählen, Bradley", sagte Lilly, und ich setzte mich auf das Fensterbrett und bewunderte die Leichtigkeit, mit der sie meine Gedanken lesen konnte. Ich hatte sie eben fragen wollen, wie alles gekommen war an jenem Tag, als JB einen Mann tötete. Und ich hatte ihr sagen wollen, dass ich schon am Morgen in der Beale Street gewesen war, an der Ecke South Lauderdale, wo einmal die Billardhalle gewesen war und Frank's Café, und dass ich nach dem Mittagessen Sara Carter in ihrem Buchladen aufgesucht hatte, um zu erfahren, was damals passiert war.

Lilly begann von einem Tag zu erzählen, an dem ihr Vater sie auf dem Campus des Colleges abfing, als sie auf dem Weg zu ihrem Kurs war. Er trat aus dem Schatten eines Baumes heraus und ihr direkt in den Weg und er packte sie so hart am Oberarm, dass ihr sämtliche Bücher herunterfielen. Ein Junge namens Billy Carmichel, der in ihre Klasse ging und zufällig in der Nähe war, fragte verdutzt, ob irgendetwas nicht in Ordnung sei.

„Es ist alles in Ordnung", fuhr ihn Lillys Vater an. „Ich bin ihr Vater!"

„Du tust mir weh", sagte Lilly, aber er ließ sie nicht los. Im Gegenteil, sein Griff wurde noch fester.

„Ich habe erfahren, was du treibst, Lilly!", stieß er hervor. „Ich weiß, wo und mit wem du dich rumtreibst. Du wirst verstehen, dass ich das nicht tolerieren kann. Schon wegen deiner Mutter und wegen der ganzen Familie. Du wirst dich entscheiden müssen, Lilly. Es ist deine einzige Chance."

„Ich verstehe nicht, was du meinst", sagte Lilly. „Bitte, lass meinen Arm los."

„Komm. Dort drüben steht mein Auto." Er zog sie mit sich, obwohl sie ihm sagte, dass in wenigen Minuten ihr Kurs anfangen würde. Das sei in diesem Moment zweitrangig, meinte er. In diesem Moment ginge es um die Ehre der Familie.

„Wir fuhren in seinem neuen Station Wagon aus der Stadt hinaus", erzählte Lilly, sorgfältig nach den richtigen Worten suchend, weil wohl dieser Tag entscheidend gewesen war für alles, was danach kam. „Er war sehr stolz auf den Station Wagon. Sein erstes neues Auto. Grün war es, und mit Holzpaneelen an den Seiten. Als er es gekauft hatte, rief er mich im Wohnheim an. Ich will dir unser neues Auto zeigen, sagte er und dann kam er vorbei, mit Mom auf dem Nebensitz, und Mom trug ein kleines Strohhütchen und ihr Sonntagskleid. Wir fuhren in der ganzen Stadt herum und über die Mississippi Brücke bis nach Beulah, auf der Hälfte der Strecke nach Little Rock, Arkansas, und kurbelte das Seitenfenster herunter, sodass mir hinten der Fahrtwind die Haare ums Gesicht blies, und er erzählte uns alles über den neuen Motor und alles, was er vom Verkäufer erfahren hatte, obwohl Mom und ich von nichts eine Ahnung hatten und mit Hubraum und Pferdestärken nichts anzufangen wussten. Ja, er war sehr stolz auf seinen grünen Station Wagon, aber dieses Mal, als er mich auf dem Campus zwang, mit ihm zu kommen, redete er kein Wort mehr, sobald wir im Auto saßen. Wir fuhren aus der Stadt und ich hatte keine Ahnung, wohin wir fahren würden. Ich achtete auch nicht auf die Wegweiser und die Straßen, bis mir plötzlich auffiel, dass wir uns irgendwo befanden, wo ich noch nie gewesen war, nichts als Farmland links und rechts und ein paar verstreute Häuser und eine Telefon- und Stromleitung am Straßenrand und sonst nichts. Vater hatte das Radio angemacht. Countrymusic. Er blickte die ganze Zeit nur geradeaus. Ich beobachtete ihn verstohlen von der Seite. Manchmal trommelte er mit seinen Fingern kurz auf dem Lenkrad herum, aber die meiste Zeit rührte sich nichts. Er trug seinen Hut, die Krempe in die Stirn gezogen. Ich weiß nicht, warum ich mich plötzlich vor ihm fürchtete. Nie zuvor hatte ich dieses bedrohliche Gefühl gespürt. Aber jetzt fürchtete ich mich vor ihm und ich wünschte, ich wäre nicht mit ihm gegangen. Nicht allein. Ich dachte schon, er würde die ganze Zeit überhaupt nichts sagen, aber dann machte er das Radio aus und begann plötzlich zu reden. Ich erschrak, als er damit anfing, wie schön dieses Land sei und wie stolz wir darauf sein könnten. Dieses Land sei einmal eine Wildnis gewesen, sagte er. Mutige Menschen hätten es erobert und urbar gemacht. Für eine bessere Zukunft. Für uns. Mein Urgroßvater sei von unserer Familie als Erster hierhergekommen. Von Ohio. Mit dem Planwagen. Kurz vor dem Bürgerkrieg. Zusammen mit seiner Frau und sieben Kindern. Er kämpfte im Bürgerkrieg auf der Seite der

Südstaaten. Für die Rechte eines freien Menschen. In der Schlacht von Antietam hätte er dafür sein linkes Bein gegeben. Und am Ende des Krieges, bei Appomattox, seinen ältesten Sohn, der noch keine dreizehn gewesen war. Und dann, nach dem Krieg, in den Siebzigerjahren, während einer Reihe von Cholera- und Gelbfieberepidemien, sei er mit tausenden von anderen Menschen dahingerafft worden. Allein in Memphis seien fünftausend Menschen gestorben und mehr als fünfundzwanzigtausend durch die Seuchen vertrieben worden. Aber meine Urgroßmutter hätte mit den Kindern ausgeharrt und dabei drei ihrer Kinder verloren. Sie sei selbst krank geworden und wie durch ein Wunder am Leben geblieben.

Ich wusste das alles. Es war nicht das erste Mal, dass er mir davon erzählte. Als Kind hatte er mir oft von jenen Zeiten erzählt und ich konnte mich erinnern, dass wir mehrere Male jenes Feld aufgesucht hatten, wo damals viele der Opfer begraben worden waren.

Um ehrlich zu sein, diese ganze Rede meines Vaters war mir unheimlich. Weil er nämlich redete, als wäre demnächst Weltuntergang. Mit eintöniger und trotzdem eindringlicher Stimme. Und ich dachte mir, irgendwann würde er anhalten und irgendwelche Engel mit Posaunen würden aus einem flammenden Himmel herunterschweben, und die Erde würde sich auftun und alle die Toten von damals würden ihren Gräbern entsteigen und uns umzingeln."

Lilly lächelte in sich hinein, während sie das sagte, aber dann wurden ihre Augen gleich wieder ernst und hart, wie ich es noch nie bei ihr gesehen hatte.

„Irgendwo dort draußen, wo es kein Haus mehr gab und nichts mehr, hielt er am Straßenrand an und machte den Motor aus.

Dieser Friedhof existiert nicht mehr, sagte mein Vater,

aber das Vermächtnis deines Urgroßvaters, und damit sollst du kein Schindluder treiben.

Nun war er endlich bei der Sache. In unserer Familie habe sich nie jemand mit Negern eingelassen. Nicht dass er etwas gegen Neger hätte, im Gegenteil, er hätte früher sogar in Schulen für Neger unterrichtet und niemand könne ihm nachsagen, ein Rassist zu sein, aber in unserer Familie gäbe es Regeln und Gesetze des Anstandes, gegen die zu verstoßen nicht geduldet werden könne. Eines dieser Gesetze sei, dass eine Frau aus unserer Familie sich niemals mit einem Neger einlassen würde.

Die ganze Zeit, während er dies sagte, sah er mich nicht ein einziges Mal an und ich blickte auch nicht mehr zu ihm hinüber, weil ich den Kopf gesenkt hielt und auf meine Hände hinunterstarrte, die in meinem Schoß lagen.

Jetzt drehte er plötzlich den Kopf.

Du hast gegen dieses Gesetz verstoßen, Lilly! Du hast deine Eltern angelogen. Anstatt zu arbeiten, hast du dich mit einem Mann herumgetrieben, dem die Ehre unserer Familie nichts bedeutet. Du hast mein Vertrauen und das Vertrauen deiner Mutter missbraucht und Schande über dich gebracht. Du verstehst, dass ich unsere Familie vor noch größerem Unheil bewahren muss? Aus diesem Grund frag ich dich jetzt, ob du mit diesem Mann geschlafen hast?

Ich rührte mich nicht. Einige Sekunden lang war es totenstill im Auto. Dann sagte er so leise, dass ich ihn kaum verstehen konnte, ich solle ihn ansehen. Und ich hob den Kopf und sah ihn an und ich wusste in diesem Moment, dass ich bereit war, mich von ihm zu lösen. Er war mein Vater, das konnte ich nicht ändern, und ich wusste, was er für mich getan hatte, aber ich wollte ihn nicht mein Glück und meine Zukunft zerstören lassen. Dazu hatte er kein Recht. Nicht er und auch nicht meine Mutter. Und ich glaube, er begriff in diesem Moment, dass er keine Macht mehr über mich hatte. Noch bevor ich ein Wort sagte. Er begriff es, weil meine Augen es ihm sagten. Ich liebe ihn, antwortete ich. Daran wirst du nichts ändern können.

Da schlug er zu. Ein einziger Schlag. Er traf mich mit dem Handrücken im Gesicht. Ich konnte es nicht glauben. Nie zuvor hatte er mich geschlagen. Ich blutete. Ich blutete aus einer Platzwunde an der Augenbraue. Ich blickte ihn an und sah die Angst in seinen Augen, und als er den Mund aufmachte und redete, hörte ich ihn kaum mehr, obwohl er mich anschrie.

Dann denk an deine Mutter! Sie ist krank geworden! Sie macht sich Sorgen um dich!

Was ihr von mir verlangt, kann ich nicht für euch tun, antwortete ich und ich spürte, dass jedes Wort, das ich ihm in diesem Moment sagte, tief in ihn eindrang und ihn verletzte. Ich sah es seinem Gesicht an. Es war wie versteinert. Eine undurchdringliche Maske mit hasserfüllten Augen. Nicht Hass auf mich. Das konnte er nicht. Hass auf den Mann, der seiner Meinung nach unsere Familie zerstörte. Hass auf JB.

Dann tu es für dich, Lilly!, stieß er hervor. Tu es für dich! Du bist dabei, dein Leben zu ruinieren.

Das glaube ich nicht.

Weil er dich geblendet hat, Lilly! Du glaubst, dass du glücklich bist, und in deiner Unerfahrenheit weißt du nicht, dass dies alles nur eine Phase ist. Eines Tages wird er dich verlassen. Für eine andere Frau. Eine Negerin. Er wird merken, dass es nicht richtig ist, zwei verschiedene Rassen miteinander zu vermischen. Er wird dem Druck seiner eigenen Familie und seiner Freunde nachgeben und er wird keine Rücksicht auf dich nehmen, Lilly. Eines Tages stehst du ganz allein da, verloren in einer Welt, von der du dich abgewandt hast. Du wirst geächtet sein. Niemand wird mehr zu dir halten und du wirst wünschen, dass du meinen Worten gefolgt wärest, als du eine Chance hattest, dich von diesem Mann abzuwenden und heimzukehren in unsere Familie. Es ist deine einzige Chance, Lilly. Du musst dich von ihm trennen!

Ich hatte kein Taschentuch dabei, um mir das Blut abzuwischen. Er bot mir seines an, aber ich nahm es nicht.

Du musst dich von ihm trennen, Lilly!, sagte er noch einmal.

Und wenn ich das nicht tun werde?

Er blickte mich an, fassungslos, dass ich es überhaupt wagte, ihm diese Frage zu stellen. Aber er überlegte nicht lange. Ich glaube, er hatte sich lange zuvor entschieden, und die Worte, die er nun sagte, waren blank wie geschliffener Stahl.

Dann gehörst du nicht mehr zu uns, Lilly!

Ich sagte nichts darauf. Konnte nichts sagen. Meine Kehle war wie zugeschnürt. Meine Augen brannten. Ich hätte weinen können, aber ich wollte nicht. Ich wollte ihm nicht zeigen, wie sehr er mich enttäuscht und verletzt hatte. Ich wollte ihm zeigen, dass ich bereit war, meinen eigenen Weg zu gehen. Mit allen Konsequenzen.

Überleg es dir gut, sagte er schließlich. Geh weg von ihm, sonst werde ich mich um ihn kümmern müssen!

Nach dieser Drohung griff er nach dem Zündschlüssel. Ohne ein weiteres Wort zu sagen, fuhr er mich zurück zum College. Ohne Radio.

Er hielt genau dort, wo ich eingestiegen war. Er hielt an und sagte kein Wort, und ich machte die Tür auf und stieg aus. Ich bin beinahe hingefallen, so wacklig waren meine Beine. Ich hatte keine Kraft mehr. Ich ging die Straße hinunter und als er weggefahren war, setzte ich mich auf eine

Bank und weinte. Jetzt konnte ich weinen. Ich glaube, ich weinte mir beinahe die Seele aus dem Leib, aber es half alles nichts. Ich ging zum Wohnheim zurück und merkte erst unterwegs, dass ich meine Bücher auf der Bank vergessen hatte. Ich ging zurück und holte sie und ich hielt nach dem grünen Station Wagon Ausschau, wünschte ihn in meiner Verzweiflung geradezu herbei, konnte ihn aber nirgendwo entdecken."

Lilly brach ab. Vom Fenster aus sah ich, dass sie Tränen in den Augen hatte. Ich nahm eines ihrer Taschentücher aus der Schublade des Nachttischchens und reichte es ihr. Sie bedankte sich und wischte sich damit die Augen aus. Dann lachte sie. Es war ein Lachen, das noch vom Weinen gezeichnet war. Und sie ergriff meine Hand.

„Es ging mir nicht gut, damals", sagte sie. „Eine merkwürdige Krankheit befiel mich. Man nennt sie Gürtelrose. Es ist eine Nervenkrankheit, die man kriegt, wenn man bis tief in die Seele hinein unglücklich ist. Ich hatte mich entscheiden müssen. Für JB oder für meine Familie. Um JB zu behalten, musste ich etwas aufgeben, was ich über alles liebte. Meine Eltern."

„Hätte dein Vater nicht mit sich reden lassen?", wandte ich ein.

„Nein. Er war ein Mann, der sehr an seinen Prinzipien festhielt. Die Ehre unserer Familie bedeutete ihm alles. Er war stolz auf unsere Vorfahren, und bis zu jenem Zeitpunkt war er auch stolz auf mich gewesen. Ich glaube, es war der Hass, der ihn zerstört hat. Er hasste JB so sehr, dass er ihn hätte umbringen können."

„Das tat er nicht", sagte ich.

„Nicht mit seinen Händen", antwortete Lilly. „Aber er machte seine Drohung wahr und ruhte nicht eher, als bis er JB vernichtet hatte."

Sie schwieg und blickte zum Fenster hinaus. Die Sonne stand tief. Schönwetterwolken trieben am Himmel. Stimmen kamen aus dem Garten. Ein Rotkehlchen saß auf dem äußersten Ast eines Baumes und äugte herüber.

„Ja, er vernichtete JB und zerstörte mein Glück", sagte Lilly leise. Es war der Moment, auf den ich die ganze Zeit gewartet hatte.

„Das geschah an dem Tag, als JB vor Frank's Café einen Mann niederschoss", platzte ich heraus.

Sie sah mich an.

„Wieso weißt du das?"

„Ich war heute dort."

„Du warst dort?"

„In der Beale Street. Dort, wo es passiert ist. Und dann war ich bei Sara Carter im Buchladen. Sie hat mir erzählt, was damals geschah. Sie war dort. In Frank's Café. Sie hat alles gesehen."

Lilly schloss die Augen, versuchte sich an Sara Carter zu erinnern. Auf ihren Wangen glitzerten Tränen. Ihre Hände lagen auf der Bettdecke. Die Finger spielten sachte mit dem Taschentuch. Mehrere Minuten vergingen, bevor sie die Augen wieder öffnete und mich anblickte.

„Dann weißt du, was geschehen ist?"

Ich nickte nur.

„Damals glaubten alle zu wissen, was geschehen ist. Nur eines wusste niemand. Niemand wusste, dass ich schwanger war. Nicht einmal JB wusste es. Er hat es auch nie erfahren. Nicht einmal bei der Gerichtsverhandlung sagte ich ihm die Wahrheit. Ich wollte nicht, dass für ihn alles noch schlimmer wird. Ich wusste, dass sie ihn verurteilen würden. Ich fürchtete erst, sie würden ihn zum Tode verurteilen, aber das ist ihm erspart geblieben. Lebenslänglich. Für ihn war es die Hölle. Und es war mein Vater, der ihn dorthin gebracht hatte. Ich weiß nicht, ob er nicht lieber gestorben wäre. Er hat nie mehr mit mir geredet. Kein Wort mehr. Er redete nur mit seinem Anwalt. Mit niemandem sonst. Und am Ende, nach der Urteilsverkündung, als ihn der Richter fragte, ob er noch etwas zu sagen hätte, sah er mich an. Es war ein Traum, sagte er nur. Ich bin damals zusammengebrochen. Seine Freunde waren es, die mich festhielten und aufrichteten. Später wollte mein Vater mich sehen, aber ich war nicht mehr in Memphis. Ich flüchtete. Ich fuhr mit dem Überlandbus nach Kalifornien. Dort versuchte ich einen neuen Anfang. Mit all den anderen, die vor der Dürre geflohen waren. Dort brachte ich deinen Vater zur Welt."

Damit beendete sie ihre Geschichte. Mit der Geburt meines Vaters. Ich sah ihr an, dass sie nichts mehr sagen wollte. Sie schloss die Augen, und ich betrachtete sie und verglich ihr Gesicht mit dem, das ich von den alten Schwarz-Weiß-Fotos her kannte.

„Bist du sicher, dass er gestorben ist?", fragte ich sie nach einer Weile des Schweigens.

Sie rührte sich nicht. Sie lag dort, als wäre sie in einen tiefen Schlaf gefallen.

„Ich werde ihn suchen, Großmutter", sagte ich nicht sehr laut, und ich beugte mich über sie und küsste sie sachte auf den Mund. Ich weiß heute noch nicht, was mich dazu brachte, sie zu küssen, aber ich küsste sie, als wollte ich mit dem Kuss einen Schwur besiegeln. Als ich mich aufrichtete, lächelte sie, ohne die Augen aufzumachen.

„Ich werde ihn finden, Großmutter", sagte ich. Dann drehte ich mich um und verließ ihr Zimmer. Ein langer Tag neigte sich seinem Ende entgegen.

14. KAPITEL
WINSTEL BLUES

Heute weiß ich einiges über mich, von dem ich früher keine Ahnung hatte. Ich weiß, dass mein Leben ganz anders verlaufen wäre, hätte ich mich nicht dazu entschlossen, JB zu finden. Außerdem begreife ich jetzt, dass ich im Grunde genommen nie eine Chance hatte, einmal ein Schriftsteller zu werden. Das liegt vor allem daran, dass wir hier in Winstel leben und in Winstel nie etwas passiert. In Winstel gibt es so gut wie nichts, über das man schreiben könnte. Also werden in Winstel normalerweise keine Schriftsteller geboren. In Winstel werden Babys geboren, aus denen später Farmer oder Cowboys werden, oder Verkäufer im Eisenwarenladen von Allister Bean, wo es auch CDs zu kaufen gibt, Gettoblasters, CD-Spieler und Fernseher. Aus Babys, die in Winstel das Licht der Welt erblicken, werden anständige Leute mit einem anständigen Beruf und anständigen Träumen, bis auf Sheila Roberts vielleicht, von der ich weiß, dass sie sich ab und zu von Charley McCabe unter die Bluse fassen lässt, und zwar meistens unten am Ufer des kleinen Teichs in der Brewster-Senke, wo einmal die alte Brewster- Farm stand, bevor sie während eines Trockengewitters von einem Blitz getroffen wurde und niederbrannte.

Wovon Sheila träumt, wenn sie träumt, weiß ich natürlich nicht, aber Charlie McCabe behauptet, dass sie ihm einmal sagte, sie träume davon, seine Frau zu werden und ihm mindestens sieben Kinder zu gebären, vier kerngesunde Jungen und drei ebenfalls kerngesunde Mädchen, was wiederum ein Beweis dafür wäre, dass in Winstel alles seine Ordnung hat.

Winstel ist ein Nest. Wer zufällig mal hier vorbeikommt

und die Hauptstraße entlangfährt, denkt wahrscheinlich, dass Winstel nur existiert, weil ein paar Leute auf dem Weg nach Irgendwo zu müde wurden und sich einfach hier, in dieser trostlosen Einöde, niederließen. Außer irgendwelchen Sachen, die lose sind und vom stetigen Präriewind gebeutelt werden, bewegt sich in Winstel meistens nichts. Klinisch tot ist dieses Nest, hat Wayne Bundy einmal gesagt, als wir an einem späten Sommerabend zusammen auf dem Wasserturm saßen und auf Winstel hinunterschauten, und das ist der richtige Ausdruck für den Zustand, in dem sich Winstel meistens befindet. Wayne ist ein guter Beobachter. Über der Hauptkreuzung, an der sich die alte Tankstelle von Jesse Walker, die Apotheke, der Winstel General und Hardware Store und das Prairie Wind Motel liegen, hängt die Ampel im Wind und blinkt tagein tagaus. Der Puls von Winstel. Blink ... blink. Wer mitten auf der Kreuzung steht, kann in vier Himmelsrichtungen jeweils bis zum Ende von Winstel sehen und erkennen, dass Winstel von Nichts umgeben ist. Rundum nichts außer Prärie, und im Süden die Hügelkette mit dem Namen Rimrock Hills, die manchmal nur ein schmales dunkles Band ist und hin und wieder wie eine liegende nackte Frau aussieht, je nachdem wie viel Dunst über der Prärie hängt. Und über allem der unendliche Himmel, weiß und leer und voller Hitze im Sommer, blau und eisig an Wintertagen, wenn klirrende Kälte in das Land zieht und der kleine Teich unten in der Brewster-Senke so dick zufriert, dass Jesse Walker mit dem alten Pickup darauf Kreise drehen kann, bis einem von uns so schwindelig ist, dass sich sein Magen umdreht und er aus dem Fenster kotzt.

Was ich heute natürlich auch über mich weiß, ist, dass ich hier in Winstel nicht alt werden will. Nichts gegen die Leute, die in Winstel leben. Ich kenne sie, seit wir hierher kamen und bevor ich überhaupt wusste, dass mein Großvater ein Schwarzer war, und ganz abgesehen davon, dass hier keiner weiß, dass mein Großvater ein Schwarzer war, behandeln mich die meisten wie einen, der schon immer einer von ihnen gewesen ist, obwohl ich nie Football oder Baseball gespielt habe und immer einen Allergieanfall bekam, wenn ich in die Nähe eines Gaules geriet.

Meine Mutter, die alle Mrs. McDelcott nennen, obwohl das nicht der Name meines Vaters war, ist eine Weiße. Richtig weiß, meine ich. Blasse Haut und rotblondes Haar und Sommersprossen und blaugrüne Augen. Wenn ihr die Sonne ins Gesicht scheint, kriegt sie Ausschlag, also streicht sie sich einen Sunblocker überall hin, wo die Sonne hin scheinen könnte. Mitch, das ist mein kleiner Bruder, hat mehr von ihr als ich. Rein äußerlich, meine ich. Er spielt auch Football für das Team der Junior High, und bei jeder Gelegenheit treibt er sich auf der Brewster-Farm herum, hilft beim Roundup und zeigt stolz seine Reitkünste auf einem halbwilden Mustang. Meine Haut ist etwas dunkler als seine, aber nicht so dunkel wie die meines Vaters, der wie ein zu dunkel geratener Mexikaner aussieht und nicht wie ein Afrika-Amerikaner. Niemand in Winstel wäre wohl jemals auf die Idee gekommen, wir könnten von Schwarzen abstammen, besonders nicht mehr, nachdem Vater und Mutter sich scheiden ließen und Mutter McDelcott heiratete.

Justin T. McDelcott war ein ehemaliger Freund meines Vaters und ein verdammt anständiger Mann, der drei Jahre nach der Geburt meines Bruders Mitch von seinem eigenen Lastwagen getötet wurde, weil er ihn bei einer Reifenpanne keine drei Meilen von Winstel entfernt mit dem alten Wagenheber zu stümperhaft aufgebockt hatte, um unter dem Wagen nach einem kaputtgegangenen Kreuzgelenk an der Antriebswelle zu sehen. Es gab keine Zeugen für den Hergang des Unfalls, und der Sheriff aus Dickens, der Hauptstadt unseres County, kam sogar her und fragte herum, ob mein Stiefvater irgendwelche Feinde gehabt haben könnte, aber die Leute hatten nur Gutes über ihn zu erzählen, nannten ihn einen der ihren und einen anständigen Kerl, auf den ganz Winstel stolz war.

Es gibt sonst wirklich nicht viel über McDelcott zu erzählen. Er hatte meine Mutter geheiratet, obwohl sie von meinem Vater zwei Kinder hatte, nämlich mich und Mitch. Wie das damals genau war, weiß ich nicht. Ist auch nichts, worüber ich gern schreiben möchte, selbst wenn ich wüsste, was damals geschehen war. Ich weiß nur, dass mein Vater abhaute und dann war plötzlich McDelcott da und er hat nicht ein einziges Mal von mir verlangt, ich solle ihn ‚Vater' nennen oder ‚Dad' oder sonst was, also nannte ich ihn immer ‚Sir', und mein Bruder Mitch nannte ihn ‚Dad', und so nennt er ihn heute noch, wenn er von ihm redet.

Ganz klar, dass sein Tod ein Schock für uns alle war. Besonders für Mutter, weil er eben ein verantwortungsvoller Familienvater gewesen war, der keine Arbeit scheute und seinen Nachbarn immer zur Hand ging, wenn sie Hilfe benötigten.

Heute liegt McDelcott auf dem Friedhof hinter der Kirche, im Grab direkt neben dem von Hump Douglas, der damals Winstels Bürgermeister gewesen war und der Besitzer des Winstel General Store am Highway 82, der in Winstel zur Mainstreet wurde. Früher, als ich ein Kind war, was noch gar nicht so lange her ist, vermisste ich McDelcott oft, obwohl ich ihn eigentlich nie gekannt habe. Ich vermisste ihn, weil die anderen in Winstel alle einen Vater hatten. Nur ich hatte keinen, obwohl ich ja einen hatte, aber ob ich den überhaupt wollte, war mir nicht mehr klar. So war das.

Auf jeden Fall ließ ich beim Einwohneramt meinen Namen wieder ändern. Mutter musste das Gesuch unterschreiben und ich wusste dass ihr das peinlich war, aber bei aller Achtung, die ich für McDelcott empfand, wollte ich doch wieder den alten Namen zurück, den von meinem Vater.

Über Mitch gibt es auch nicht viel zu sagen. Der ist jetzt zwölf. Manchmal hockt er unten am Teich in der Brewster-Senke und spielt mit Lurchen. Wenn es im Frühling nicht regnet und der stetige Wind die Senke austrocknet, füllt er jeden Abend einen riesigen Eimer mit Wasser und trägt ihn zum Teich hinunter, damit die letzte kleine Pfütze, in der es nur so von Lurchen wimmelt, nicht austrocknen kann. Ich mag ihn. Manchmal denke ich, dass ich für ihn sterben würde, wenn es darauf ankäme. Natürlich hoffe ich, dass ich so was nie entscheiden muss, er oder ich, aber wissen kann man das ja nie, jedenfalls glaube ich wirklich, dass ich im Notfall bereit wäre, für ihn zu sterben. Sagen tu ich ihm das natürlich nicht. Mitch macht sich ohnehin schon genug Gedanken über alles. Einmal fragte er mich, ob er schuld daran sei, dass McDelcott damals tödlich verunglückte. Ich fragte ihn, wie er darauf käme. Mom hatte ihm gesagt, McDelcott sei mit einem Foto von ihm in der Brusttasche seines Overalls gestorben. Stimmt natürlich. McDelcott hatte immer ein Foto von Mitch bei sich, aber auch eins von Mom und von mir, in einem schmalen Notizblock, der auf der Innenseite des Umschlags eine durchsichtige Plastiktasche hatte, in der er alle möglichen Dinge aufbewahrte, eine Eintrittskarte zu einem Footballspiel in Dallas, ein paar Tankstellenquittungen, ein Stück einer Postkarte mit einer Briefmarke aus Tansania, und eine Haarlocke, die er meiner Mutter damals mit seinem Taschenmesser abgeschnitten hatte, als sie zum allerersten Mal zusammen ausgingen und sich im Panhandle Motel an der Straße nach Dickens liebten und er sich wünschte, einmal eigene Kinder und eine richtige Familie zu haben, aber dann stellte sich heraus, dass er zeugungsunfähig war, dass also irgendetwas mit seinem Samen nicht stimmte, und so kam es, dass er die Fotos von Mitch und von mir mit sich herumschleppte, so, als wäre er unser richtiger Vater. Und es machte ihm nichts aus, die Fotos herumzuzeigen und zu sagen, das sind meine beiden Söhne, und wer unsere Familienverhältnisse nicht kannte, ein Fremder oder so, der fragte natürlich sofort, wie es käme, dass er diese beiden verschiedenen Söhne habe, einer, der aussah wie ein Ire, und einen, der eine ziemlich dunkle Haut hatte. McDelcott musste sich bestimmt einiges anhören, wenn er die Bilder herumzeigte, weil ohnehin alle wussten, dass Jim Fletcher unser Vater war und nicht er. Aber das hat er sich nie anmerken lassen, was immer auch die Leute sagten, und geredet wurde in Winstel viel.

Auf jeden Fall glaube ich nicht, dass jemand am Tod eines Menschen schuld sein kann, es sei denn, er bringt ihn um. Mitch, zum Beispiel, ist genauso wenig schuld daran, dass der Lastwagen vom Wagenheber rutschte und Justin T. McDelcott den Brustkorb eindrückte, wie etwa Ruby Rucker daran schuld war, dass ihr Mann sich beim Rasenmähen den halben Fuß abschnitt. Ich meine, wer ist schon schuld an einem Unglück. Ein Unglück ist doch ein Unglück, weil einer ganz einfach kein Glück hat, wenn es passiert. Jedem kann das passieren, auch einem, der höllisch aufpasst und vorsichtig ist und nirgendwo hingeht, wo er sich nicht auskennt, weil er Angst davor hat, es könnte ihm dort ein Unglück passieren.

Ich versuchte das Mitch zu erklären, aber ich glaube, es hat bei ihm noch nicht richtig geklickt. Wie auch immer, Mitch macht sich jedenfalls eine Menge Gedanken, und deshalb ist es für mich kein Wunder, dass er mich von dem Moment an, seit er weiß, dass ich ein Buch schreibe, nicht mehr in Ruhe lässt.

Wenn er zu Hause ist, schleicht er sich in mein Zimmer, hockt sich still auf mein Bett und schaut mir beim Schreiben zu. Nicht, dass er lesen wollte, was ich da schreibe. Er kann zwar lesen, aber er liest nicht. Hat nie ein Buch in der Hand. Wenn Mom vor dem Fernseher hockt und Elvis guckt, guckt er natürlich nicht mit, weil er auf Elvis keinen Bock hat. Aber es käme ihm nie in den Sinn, ein Buch in die Hand zu nehmen. Stattdessen schleicht er im Haus rum und in mein Zimmer und hockt sich hinter mir auf mein Bett. Er sitzt nur da und hört dem Geklapper meiner alten Schreibmaschine zu, und wenn ich mich zurücklehne und den Kopf in den Nacken lege, weil ich mich müde geschrieben habe, dann fragte er ganz harmlos, ob ich etwas über ihn geschrieben hätte und ob ich es ihm vorlesen würde. Er weiß natürlich, dass ich über Lilly schreibe und darüber, wie ich mich auf die Suche nach einem Mann machte, von dem alle glaubten, dass er irgendwo in einem Gefängnis gestorben war.

Seit jenem Herbst, als ich von Memphis hierher nach Winstel zurückgekehrt war, konnte ich den Sommer nicht erwarten. Im Sommer hatten wir neun Wochen schulfrei. Das sollte wohl genügen, um einen Toten zu finden, selbst wenn er noch lebte. In der Zwischenzeit fing ich schon mal an, Vorarbeit zu leisten. Über die Stadtverwaltung von Baton Rouge versuchte ich herauszufinden, was mit Crazy Legs geschehen war. Man schrieb mir, ein Mann namens Bukka Harris sei in Baton Rouge nicht gemeldet. Sorry. Ich schrieb einen Brief an die Gefängnisverwaltung in Fort Leavenworth und fragte nach Unterlagen über JB Swift Als kein Antwortschreiben kam, rief ich dort an. Man sagte mir, in den Computerlisten sei kein JB oder John B. Swift gefunden worden. Sorry. Ich machte ihnen genauere Angaben. Einige Zeit später bekam ich einen Brief in dem man mir mitteilte, JB Swift sei nach einer Rebellion im Gefängnis nach San Quentin überführt worden. Ich schrieb nach San Quentin. Auch dort wurde sein Name nicht gefunden. Auch nicht, als ich genauere Angaben machte und ihnen eine Kopie der Überführungspapiere schickte. Auf diese Art kam ich nicht weiter, also gab ich es auf, irgendwelchen Behörden des Strafvollzuges Briefe zu schreiben oder dort anzurufen.

Ein paar Wochen danach, mitten im Winter, brachte der Briefträger einen ziemlich versauten Umschlag, der an mich adressiert war. Ohne Absender. Dem Poststempel nach war er in New Orleans, Louisiana, aufgegeben worden. Ich nahm ihn mit auf mein Zimmer, öffnete ihn, als Mitch nirgendwo zu sehen oder zu hören war, und fand einen kleinen, sehr vergilbten Zeitungsausschnitt mit einem Bericht, der mich beim Lesen aus meinen alten Cowboystiefeln haute.

Unter der Überschrift ‚Endlich frei' stand dort Folgendes:

„John B. Swift, eine ehemalige ‚Legende' des Blues, der 1936 in der Beale Street von Memphis einen Mann niederschoss, wird heute aus dem County-Gefängnis in Hattiesburg entlassen. Mehr als vierzig Jahre verbrachte JB Swift hinter Gittern. In Fort Leavenworth gehörte er zu den Anführern eines Gefangenenaufstandes."

Ich rief sofort in Hattiesburg an. Man sagte mir, dass ein Gefangener namens John B. Swift vor mehreren Jahren gestorben sei. Ich versuchte sofort nachzuhaken und fragte, wann genau dieser Todesfall passiert sei. Das könne man mir nicht mitteilen, hieß es, da die alten Akten bei einem

Feuer im Archiv verbrannt seien.

Ich gab nicht auf und rief noch einmal an. Ich verlangte nach dem Gefängnisdirektor.

Ein Mr. LeClair meldete sich. Ich fragte ihn nach JB, und zu meiner Überraschung fragte er mich, ob ich etwas mit der älteren Dame zu tun hätte, die früher einige Male von Memphis aus angerufen hätte. Ich verneinte die Frage und wollte von ihm wissen, was mit John B. Swift passiert sei.

„Was soll denn passiert sein? Er ist hier im Gefängnis vor ein paar Jahren an einer Lungenentzündung gestorben."

„Man hat ihn nie entlassen?"

„Entlassen? Nein, das glaube ich nicht. Aber ich bin erst seit drei Jahren hier und die alten Akten und Gefangenenlisten sind alle …"

„Verbrannt", schnappte ich und knallte den Hörer auf die Gabel. Von diesem Tag an war ich nicht nur sicher, dass JB noch lebte. Jetzt begann ich den Sommer und die Schulferien herbeizusehnen. Ich wollte selbst nach Hattiesburg fahren und herausfinden, was mit JB tatsächlich geschehen war und warum ich angelogen wurde. Ich erzählte niemandem von meinen Nachforschungen und dem vergilbten Zeitungsartikel, nicht einmal Lilly, mit der ich einige Male telefonierte.

Den ganzen Frühling über arbeitete ich in meiner Freizeit bei Jesse Walker in der Tankstelle oder ich ging ihm in der Werkstatt zur Hand. Für die Suche nach JB würde ich Geld brauchen, für Busfahrten, Unterkunft, Essen. Immerhin war Hattiesburg eine kleine Stadt ganz im Süden des Bundesstaates Mississippi, nicht weit von New Orleans und auch von Baton Rouge, jener Stadt am Mississippi River, in der sich JB und Lilly zum ersten Mal gesehen hatten. Ich sah mir die Karte hundertmal an, so, als hätte ich

JB entdecken können, wenn ich nur lange genug auf die kleine Stadt starrte.

Meine Mutter drehte durch, als ich ihr meine Absicht verriet. Ich konnte nicht anders. Ohne ihr Einverständnis ging nichts. Ich hätte einfach abhauen können, aber das wollte ich nicht. Schon wegen Mitch nicht.

„Bei dir piepst's wohl, Bradley!“, rief sie aus. „JB ist tot!“

„Dann werde ich sein Grab finden.“

„Sein Grab! Nun hör mal gut zu, mein Sohn. Ich habe dich nach Memphis fahren lassen, weil ich dachte, die alte Dame hat keine Verwendung mehr für ihre Kohle und sie gibt dir was ab. Aber seit du zurück bist, tickts bei dir nicht mehr richtig. Glaubst du, ich hätte das nicht gemerkt? Dir sind die Erinnerungen der alten Dame zu Kopf gestiegen, Bradley. Das ist nicht gut, sag ich dir. Das ist krank.“

„Was damals geschah, ist der Anfang meines Lebens, Mutter“, widersprach ich ihr.

Sie runzelte die Stirn und sah mich an, als überlegte sie, ob sie mich in ein Heim stecken sollte.

„Der Anfang deines Lebens ist der Tag, an dem dich dein Vater in einem Anfall von unkontrollierbarer Lust gezeugt hat, Bradley. Und wenn du genau wissen willst, wie das geschehen konnte, so kann ich dir nur sagen, dass wir damals beide ziemlich bescheuert waren.“

Es hatte keinen Sinn, mit Mutter herumzustreiten. Ich wusste ohnehin, dass sie mich gehen lassen würde. Und sie wusste es auch. Ich hatte mich entschieden und ich ließ mich von niemandem aufhalten. Auch von ihr nicht. Insgeheim hoffte sie vielleicht, dass ich es mir schon noch anders überlegen würde, aber dann erfuhren wir, dass Lilly in ein paar Wochen am linken Auge operiert werden sollte, und Mutter meinte, dass es vielleicht ganz gut wäre, wenn ich mich in den Sommerferien ein bisschen um Lillys

Wohlbefinden kümmern würde, schon allein wegen der Kohle, die die alte Dame auf der hohen Kante liegen hatte. So ist meine Mutter eben. Nimmt nie ein Blatt vor den Mund, und weil wir ziemlich knapp bei Kasse waren, hoffte sie natürlich, dass uns Lilly eines Tages einen Teil ihrer Erbschaft hinterlassen würde. Sie fragte nur noch, ob ich den Entschluss, nach JB zu suchen, meinem Vater mitgeteilt hätte. Ich hatte es zwei- oder dreimal versucht, aber sein Telefon war abgemeldet und ich wusste nicht, wo er war. Es war mir auch egal, wo er steckte. Das heißt, eigentlich war es mir überhaupt nicht egal. Er fehlte mir mehr als je zuvor, aber das wollte ich damals nicht wahrhaben.

Also fuhr ich am zweiten Tag der Ferien mit der ganzen Kohle, die ich bei Jesse Walker verdient hatte, und meinem Seesack im Greyhound nach Memphis. Ich hatte mir ein paar von meinen Klamotten eingepackt, das Buch aus Sara Carters Buchladen, die Fotos von früher und ein Foto von Lilly, das Vater bei unserem ersten Besuch vor ungefähr sechs Jahren gemacht hatte. Von Hanna verabschiedete ich mich auf dem Parkplatz beim Bus Stop. Sie hatte eben mit ihrer Mannschaft die County-Meisterschaft gewonnen und im Finalspiel zwei Tore geschossen. Winstel feierte sie wie einen Star. Über der Mainstreet hing ein Banner: ‚Sidewinders, way to go, Champs!' Trainer von Collegemannschaften hatten sich bei ihr gemeldet. Auch von Texas Christian, da wollte sie studieren, weil ihr Vater schon dort studiert hatte und zu einer Verbindung gehörte.

Meine Mutter kam auch zum Bus Stop. Und Jesse Walker in seinem schmutzigen Overall, und Wayne Bundy und ein paar andere aus meinem Jahrgang. Ich hatte allen nur gesagt, dass ich nach Memphis zu meinem Onkel fahren und wahrscheinlich den ganzen Sommer dort bleiben würde. Hanna wollte das überhaupt nicht verstehen. Wir hatten fünf Tage kein Wort mehr miteinander geredet, weil sie eingeschnappt war. Aber beim Abschied rotzte sie ihr Taschentuch voll.

„Er fährt nicht in den Krieg, Hanna“, versuchte meine Mutter sie zu trösten. „In ein paar Wochen ist er wieder da.“ Es nützte nichts. Das Letzte was ich sah, als ich im Bus saß und zurückblickte, war Hanna im Staub, mit dem verrotzten Taschentuch winkend, und Tex, Jesse Walkers Hund, der einen Narren an mir gefressen hatte und dem Bus fast drei Meilen weit hinterherrannte, bevor er schließlich merkte, dass seine Beine zu kurz waren oder der Bus zu schnell.

Ich war unterwegs. Mein Seesack lag im Gepäcknetz über meinem Kopf. Der Sitz neben mir war leer. Ich machte es mir bequem und las im zerfledderten Taschenbuch, das ich aus Sara Carters Buchladen mitgenommen hatte. ‚Früchte des Zorns’. Steinbeck gelang es, mich regelrecht zu fesseln. Ich las und las und wenn ich mal zu müde zum Lesen war, dachte ich an Lilly. Ich konnte es kaum erwarten, sie endlich wiederzusehen.

15. KAPITEL
FÜNFZIG JAHRE

Ich hatte ihr geschrieben, dass ich kommen würde.

„Seit sie weiß, dass du kommst, ist sie ganz aufgeregt", sagte Rhonda, die mich hinaufbegleitete, um Lilly die Tropfen in das Auge zu träufeln, an dem sie vor drei Wochen operiert worden war.

„Die Operation ist gut gegangen, aber sie ist sehr ungeduldig, weil sie noch nicht gut genug sehen kann."

Als wir im Zimmer kamen, saß sie am Fenster. Über dem linken Auge hatte sie eine merkwürdige kleine Plastikschale, die mit Heftpflastern an ihrem Gesicht befestigt war.

„Lilly, sehen Sie mal, wer da ist", sagte Rhonda.

Lilly drehte den Kopf und sah mich mit dem gesunden Auge an.

„Ich bin's, Bradley", sagte ich.

Sie murrte. Rhonda warf mir einen viel sagenden Blick zu.

„Ich werde Ihnen jetzt die Tropfen ins Auge tun, Lilly", sagte sie.

„Tropfen ... wozu denn?", rief Lilly. „Das hilft doch alles nichts. Die Operation muss noch einmal durchgeführt werden. Das habe ich schon dem Arzt gesagt."

„Die Operation ist einwandfrei verlaufen, Lilly. In einigen Wochen wird das Auge gesund sein."

„So viel Zeit ist nicht mehr! Einige Wochen ... wer weiß, was in einigen Wochen alles passieren kann."

„Legen Sie jetzt bitte den Kopf in den Nacken, Lilly, damit ich Ihnen die Tropfen ins Auge träufeln kann."

„Blöde Tropfen", murrte Lilly. „Ich kann dich kaum erkennen, mein Junge. Das operierte Auge sieht nichts und das andere ist auch beinahe blind."

Sie legte den Kopf zurück und die Schwester träufelte eine genaue Anzahl von Tropfen durch das Loch in der Plastikschale direkt in Lillys Auge.

„Dann lasse ich euch zwei jetzt allein“, sagte die Pflegeschwester. Als sie aus dem Zimmer war, fragte ich Lilly, ob sie mit mir in den Garten kommen wolle.

„So wie ich angezogen bin?“

„Du bist bestens angezogen.“

„So wie ich angezogen bin, geh ich nirgendwohin.“

„Gut, dann bleiben wir hier“, sagte ich und setzte mich auf die Bettkante.

„Hast du meinen Brief nicht bekommen?“, fragte ich sie nach einer Weile.

„Danke für deine Briefe“, sagte sie nach einer Weile.

„Diese Sara Carter, das muss eine Hexe sein, Bradley. Nimm dich in Acht vor ihr. Ich kenne solche Leute. Es gab früher viele von ihnen, besonders unter den Schwarzen. Solche, die einen nie in Ruhe lassen, nicht einmal, wenn sie tot sind.“

Ich hatte keine Ahnung, was mit ihr geschehen war, seit ich sie das letzte Mal gesehen hatte. Sie schien zerfahren und ungeduldig zugleich und es gelang mir nicht, an sie ranzukommen. Ich versuchte das Gespräch auf JB zu lenken, aber sie weigerte sich, den Faden aufzunehmen. Ich gab nicht auf. Ich fragte sie, ob sie jemals wieder etwas von JBs Freunden gehört hätte. Sie machte noch mehr dicht, wandte den Kopf von mir weg und starrte irgendwohin, nur nicht in meine Richtung. Schließlich gab ich auf. Unten fragte ich Rhonda, was denn los sei.

„Es geht ihr nicht so gut wie letztes Jahr, Bradley. Das ist bei vielen alten Leuten so. Manchmal werden sie depressiv. Sie fühlen sich allein gelassen und vereinsamen innerlich. Lilly war nie eine von denen, die leicht lachen konnten. Und sie hat auch nur wenige Freunde gefunden hier bei uns. Diese Freunde sind alle nicht mehr da. Sie hat nur noch Sophie. Sophie kümmert sich um deine Großmutter, aber sie ist selbst schon über siebzig und hat ihre eigenen Probleme."

„Ist ihr Sohn Lewis in letzter Zeit mal hier gewesen?"

„Nein. Manchmal ruft er an, redet mit ihr, aber ich glaube nicht, dass er einen besonderen Draht zu deiner Großmutter hat."

„Er ist immerhin ihr Sohn."

Rhonda lächelte, sagte aber nichts darauf. Beim Abendessen fragte ich Onkel Lewis, warum er Großmutter nie besuchte. Ich wollte es nicht wie einen Vorwurf klingen lassen, aber wahrscheinlich hörte es sich für ihn wie einer an.

„Bradley, deine Großmutter würde viel eher deinen Vater sehen wollen als mich", sagte er. „Das war schon immer so, nicht erst jetzt."

„Weil sie dich nie mochte", sagte Liz gehässig. „Weil sie deinen Vater nicht mochte und dich auch nicht."

Onkel Lewis' Gesicht wurde hart und finster. Er sagte nichts, und trotzdem sah ich ihm an, wie tief ihn die Worte seiner Frau trafen. Ich schwieg und senkte den Kopf, stocherte lustlos in meinem Teller herum und wünschte, ich hätte mich in nichts auflösen können.

„Sie hat dich von einem Mann empfangen, den sie nicht liebte. Ich kann das verstehen, dass sie dich nie mochte. Ich kann das sehr gut verstehen."

„Das genügt, Liz", sagte Onkel Lewis leise. Trotzdem vernahm ich, wie seine Stimme zitterte.

„Es ist wahr, Lewis", sagte seine Frau. „Du bist der Einzige, der es nicht wahrhaben will. Aber es ist wahr. Sie liebt deinen Halbbruder, diesen nichtsnutzigen Herumtreiber, der wegen irgendeines Weibes seine Familie im Stich ge..."

„Das genügt jetzt!“, fiel Onkel Lewis ihr ins Wort und donnerte die Faust auf den Tisch, dass die Teller schepperten. „Bradley braucht sich nicht mit diesen Dingen herumzuquälen, wenn er hier ist, Liz.“

„Warum soll er die Wahrheit nicht erfahren. Wir müssen mit ihr leben. Seit vielen Jahren ist das so.“ Sie wandte sich direkt an mich. „Dein Onkel ist beinahe fünfzig Jahre alt, und er kommt nicht darüber hinweg, dass er ein unerwünschtes Kind war. Deine Großmutter hat diesen Fletcher nur geheiratet, weil eine unverheiratete Frau mit einem Kind damals keine Achtung bekam. Von niemandem. Nicht von den Schwarzen und schon gar nicht von uns weißen Amerikanern Nein, sie hat Fletcher nicht aus Liebe geheiratet, sondern zum Schutz für sich und ihr Kind, das ihr ein Schwarzer gemacht hat, ein Neger. Reine Berechnung war das. Dein Vater sollte einen Vater haben Und er hat ihn bekommen. So war deine Großmutter eben auch, Bradley. Nicht nur dieses unschuldige kleine Ding, das sich mit einem Neger eingelassen hat. Wenn sie sich ein Ziel gesetzt hatte, hat sie es unnachgiebig verfolgt. Dein Onkel Lewis will das nur nicht verstehen, auch heute noch nicht. Er hat sich eingeredet, dass alles gut werden wird, aber wie sollte es gut werden, mit zwei Kindern von Männern verschiedener Hautfarbe!“

Onkel Lewis erhob sich von seinem Stuhl und ging hinaus in den kleinen Garten. Auch mir war der Appetit vergangen. Ich entschuldigte mich bei Tante Liz und ging auf mein Zimmer. Später klopfte jemand an die Tür. Es war Tante Liz. Ihre Augen waren gerötet.

„Es tut mir leid, Bradley, aber manchmal kann ich es nicht mehr ertragen“, sagte sie. „Es tut mir leid.“

„Es ist schon okay“, sagte ich.

Sie bemerkte, dass ich dabei war, meine Sachen zusammenzupacken.

„Wo willst du hin?“

„Weg“, sagte ich nur.

Sie rief nach Onkel Lewis. Nach einer Weile kam er ins Haus. Er sah bedient aus.

„Bradley will weg“, erklärte ihm Liz.

„Wohin willst du?“, fragte er.

„Weg“, sagte ich.

Er sah mich an und begriff, dass ich nicht hier bleiben konnte.

„Soll ich deine Mutter anrufen?“, fragte er.

„Nein.“

„Wen sonst?“

„Niemanden.“

„Jemand muss doch wissen, wo du bist und was los ist.“ Ich versicherte ihnen, dass ich Mutter selbst anrufen würde. Die Nacht verbrachte ich bei ihnen, aber am nächsten Morgen, als sie beide aus dem Haus waren, ging ich weg. Ich war ziemlich durcheinander und fuhr mit dem Bus zum Heim, um noch einmal mit Großmutter zu reden. Sie war besser drauf als gestern und ich merkte sogleich, wie sehr ich auf ihre Kraft angewiesen war, um mein Vorhaben überhaupt auszuführen.

„Ich fahre heute nach Hattiesburg“, sagte ich so nebenbei. Sie blickte auf.

„Warum fährst du dorthin? Man hat dir doch auch gesagt, dass er tot ist.“

„Warum sagst du ‚auch‘, Großmutter?“

„Ich?“ Sie drehte den Kopf zur Seite.

„Du hast schon einige Male dort angerufen, stimmt's?“

Sie gab mir keine Antwort. Da erzählte ich ihr, was man mir am Telefon gesagt hatte. Dass bereits mehrere Male eine Dame aus Memphis angerufen und nach JB gefragt hätte.

Lilly hob den Kopf, sah mich an und versuchte ein Lachen, das ihr misslang.

„Was willst du einmal werden, Bradley? Ein Detektiv?"

„Schriftsteller", sagte ich und nahm den kleinen Zeitungsausschnitt aus meiner Hosentasche, den ich in einer Klarsichtfolie für Kreditkarten aufbewahrt hatte.

„Was hat man dir gesagt, wenn du angerufen hast?"

„Das Gleiche, was man dir gesagt hat."

„Dass er im Gefängnis gestorben ist?"

„Ja. Dass er tot ist."

„Hier, Großmutter. Dieser Zeitungsausschnitt ist vor mehr als zehn Jahren in einer Zeitung erschienen." Ich hielt ihn ihr entgegen, sodass sie ihn mit dem gesunden Auge betrachten konnte. Die fett gedruckte Überschrift vermochte sie zu entziffern.

„Endlich frei", sagte sie leise und hörte den Worten nach, als wartete sie auf ein Echo. Aber es blieb still in ihrem kleinen Zimmer und mit einer zitternden Hand griff sie nach dem Zeitungsausschnitt. „Man ... man hat ihn freigelassen", sagte sie so leise, dass ich ihre Worte kaum verstehen konnte. „Lies mir bitte vor, was da steht, Bradley."

Ich kannte die Zeilen auswendig, und so brauchte ich sie ihr nicht einmal abzulesen.

„John B. Swift eine ehemalige ‚Legende' des Blues, der 1936 in der Beale Street von Memphis einen Mann niederschoss, wird heute aus dem County-Gefängnis in Hattiesburg entlassen. Mehr als vierzig Jahre verbrachte JB Swift hinter Gittern. In Fort Leavenworth gehörte er zu den Anführern eines Gefangenenaufstandes."

Lilly starrte den Zeitungsausschnitt an.

„Warum sollte man uns dort in Hattiesburg angelogen haben, Bradley?", fragte sie nach einigen Sekunden, während deren sie versucht hatte, ihre Gedanken zu ordnen.

„Das weiß ich nicht. Ich weiß nicht einmal, wer mir diesen Zeitungsausschnitt geschickt hat. Er kam in einem Umschlag ohne Absender. Keine Notiz dazu. Nichts. Aufgegeben wurde er in New Orleans."

„Kennst du denn jemand dort?"

„Nein."

„Und dein Vater?"

„Was ist mit ihm?"

„Könnte es sein, dass er dir diesen Zeitungsbericht geschickt hat?"

„Warum hätte er das tun sollen. Er weiß nicht einmal, dass ich mich entschlossen habe, nach JB zu suchen. Ich habe schon über ein Jahr nichts mehr von ihm gehört."

„Nun, dann weiß ich auch nicht, wer dir diesen Zeitungsausschnitt geschickt haben könnte, Bradley. Tust du mir einen Gefallen und liest ihn mir noch einmal vor?"

Ich sagte ihr noch einmal Wort für Wort, was auf dem kleinen Artikel stand. Und noch einmal suchte sie lange nach einer Bedeutung dieser Zeilen, die Sinn gemacht hätte.

„Wenn er vor zehn Jahren entlassen wurde, kann er nicht im Gefängnis gestorben sein", sagte sie schließlich.

„Stimmt, Großmutter. Dieser Bericht ist entweder eine Zeitungsente und JB wurde nie entlassen, oder er lebt noch."

„Wenn ... wenn JB noch lebte, warum hat er sich dann nie bei mir ...", sie brach ab, weil sie sich die Antwort auf ihre Frage selbst hätte geben können.

JB hatte sich in all den Jahren nicht ein einziges Mal gemeldet. Nicht, weil er sie vergessen hatte, sondern weil er sich für das, was er ihr angetan hatte, schämte. So war er. Lilly hatte mir selbst erzählt, dass JB es nicht ertragen konnte, ihr Leben zerstört zu haben. Dabei wusste er nicht einmal, dass sie ein Kind von ihm erwartete, weil sie ihm diese schwere Last nicht auch noch aufladen wollte. Und so waren fünfzig Jahre vergangen. Fünfzig Jahre voller Sehnsüchte und Hoffnungen. Fünfzig Jahre einer geheimen Liebe, deren Feuer nie erloschen war.

Ich versprach Lilly an diesem Nachmittag, dass ich ihn finden würde. Für sie. Und auch für mich. Weil ich wissen wollte, von woher ich auf meinem langen Weg bis hierhergekommen war. Wo alles seinen Anfang genommen hatte und wo ich vielleicht in mir meinen Vater wiederfinden würde, der mir irgendwann, als ich klein war und noch nichts begriff, abhandengekommen war.

16. KAPITEL
FORREST COUNTY JAIL

Bevor wir nach Winstel zogen, lebten wir Vater, Mutter und ich in Tennessee, und zwar in der Nähe von Memphis, und ich erinnere mich an einen Song von Elvis, den meine Mutter auf Platte besaß und den sie auch jedes Mal laut drehte, wenn er im Radio gespielt wurde. Dieser Song erzählte von einem Jungen, und damals nahm ich an, dass es Elvis selbst war, der eine Telefonistin vom Amt nach der Adresse eines Mädchens fragte, von der er nur den Namen wusste, Marie, und dass sie auf der anderen Seite der Mississippi Brücke wohnte.

Der Song beginnt so: „Long distance information, give me Memphis Tennessee …"

Wie der Text weitergeht, weiß ich nicht mehr, obwohl ich ihn so oft gehört hatte. Das liegt wohl daran, dass wir später nach Texas zogen und Mutter von da an die Platte nie mehr abspielte.

Vater wollte nach Texas. Irgendwann kam er nach Hause, und er war ziemlich aufgebracht und schimpfte herum, wie er das sehr selten tat, und als ich im Bett lag und nicht einschlafen konnte, hörte ich ihn zu meiner Mutter sagen, dann gehen wir eben weg, und meine Mutter antwortete, wohin sollen wir denn gehen, worauf er eine Weile keine Antwort zu geben wusste, aber schließlich sagte er: ‚Texas!' Und so wie es klang, hatte er sich in diesem Moment dazu entschlossen, mit meiner Mutter und mit mir nach Texas zu ziehen und irgendwo neu anzufangen. Erst später erfuhr ich den wahren Grund dafür, dass er sich an jenem Tag derart hatte aufregen müssen. Es war nämlich zu einem Streit zwischen ihm und seinem Halbbruder Lewis gekommen und zwar wegen Großmutter, die einige Tage zuvor so etwas wie einen ersten kleinen Schlaganfall erlitten hatte und seither in einem städtischen Krankenhaus lag und nicht mehr richtig reden konnte, weil irgendwelche Gesichtsmuskeln vorübergehend gelähmt waren. Sie stritten sich, weil Lewis und seine Frau Lizette die alte Dame in ein Pflegeheim abschieben wollten, während mein Vater meinte, sein Halbbruder Lewis, der mit seiner Frau Lizette im Haus wohnte, das meiner Großmutter gehörte, hätte Großmutter, die ja auch seine Mutter war, aus dem Krankenhaus holen und daheim pflegen sollen. Aber Tante Lizette, die selbst nie ein Kind gekriegt hatte und manchmal unter Depressionen litt, war dagegen, und so kam es zum Streit, weil bei uns zu Hause kein Platz war und Vater damals keinen Job hatte und nur Mutter etwas Geld verdiente, und zwar mit Näharbeiten.

Texas. Da wollten wir hin. Da sollte alles anders werden. Kein Onkel Lewis mehr in der Nähe. Keine Liz, mit der ohnehin niemand etwas anfangen konnte. Und auch keine Großmutter, für die, so glaubte Vater wahrscheinlich, er keine Verantwortung mehr spüren würde, wenn er einmal ein paar hundert Meilen zwischen sich und sie gebracht hatte.

Und so packten wir unser Zeug zusammen, den ganzen Plunder, von dem in unserem Haus heute immer noch jede Menge herumliegt, und fuhren mit dem Greyhound nach Texas. An die Fahrt kann ich mich kaum mehr erinnern. Es sind in meinem Kopf nur ein paar Bilder hängen geblieben. Bruchstücke einer Reise in die Nacht hinein, die vage Erinnerung an einen Mann, der auf der anderen Seite im Bus saß und schnarchte, an Lichter, die draußen vorbeiglitten, an einen Verkehrspolizisten, der den Bus anhielt und durchs Fenster mit dem Fahrer redete, an den Mond, der wie eine Sichel am Himmel hing und an die Augen meiner Mutter, die mir verrieten, dass sie Angst hatte vor irgendetwas, das uns in der Zukunft erwartete.

Und als sie dachte, ich würde schlafen, hörte ich sie leise mit Vater reden, und ich machte das eine Auge einen Spalt breit auf und blinzelte zu ihnen hinüber und da sah ich, dass er einen Arm um meine Mutter gelegt hatte, und sie hatte ihren Kopf an seiner Schulter und weinte.

„Es wird alles gut werden", hörte ich ihn sagen, und es war das letzte Mal, dass ich sie so gesehen habe, er mit einem Arm um meine Mutter, sodass sie geborgen war, und alles, was er ihr sagte, dass alles gut werden würde und so, war gelogen, denn es wurde überhaupt nichts gut. Knapp ein halbes Jahr später ging er. Ich weiß nicht, ob er wusste, dass sie schwanger war. Er ging einfach. Und er kehrte nie mehr zurück.

So war das damals, und auf der Fahrt nach Hattiesburg auf dem Interstate Highway 55 in den Süden von Mississippi, ging mir natürlich allerhand durch den Kopf. Alles, was damals passierte, und die Geburt von Mitch, die in Texas in unserem Haus stattfand. Damals dachte ich oft, ich hätte irgendetwas tun sollen, um Vater zurückzuhalten. Ich wusste nur nicht was, und so gab ich mir ein bisschen die Schuld dafür, dass er weggegangen war. Das ist das Gleiche, wie wenn Mitch sich am Unfall von Mr. McDelcott schuldig fühlt. Heute weiß ich natürlich, dass das alles Quatsch ist. Heute weiß ich, dass man gewisse Dinge im Leben nicht ändern kann. Und dass man Unglück erfahren muss, um überhaupt zu merken, wenn man glücklich ist.

Ich kam mitten in der Nacht, das heißt so kurz vor elf in Hattiesburg an und natürlich sind um diese Zeit immer Cops in der Nähe, um die Leute in Augenschein zu nehmen, die aussteigen und dableiben. Ihren geschulten Blicken entgeht nichts, und so fiel ihnen sofort auf, dass dem Greyhound aus Memphis ein Junge entstieg, der noch nicht volljährig sein konnte und von niemandem abgeholt wurde. Sie hielten mich draußen auf dem Parkplatz an, wo zwei Streifenwagen geparkt waren.

„Ich nehme an, dass du hier Verwandte besuchen willst, Kid“, sagte einer von ihnen.

„Stimmt“, sagte ich.

„Wen denn, wenn ich mal fragen darf?“

„Meinen Großvater.“

„Und wie heißt dein Großvater?“

„John B. Swift“

Der eine hatte keine Ahnung, wer das war, aber der andere glaubte den Namen schon einmal gehört zu haben.

„Und wo soll denn dein Großvater wohnen?“, fragte er mich.

„Im Knast“, sagte ich.

„Im Gefängnis?“

„Ja. Im County Jail.“

Sie grinsten. „In welchem denn? Es gibt nämlich drei, eines im Lamar County, eines im Forrest County und eines im Perry County, das sich ein paar Meilen weiter im Osten befindet.“

„Im Forrest County Jail“, sagte ich.

„Da willst du hin?“

„Ja.“

Sie betrachteten meinen Seesack.

„Zu Fuß?“

„Erstmal dorthin“, sagte ich und zeigte auf eine Leuchtreklame auf der anderen Seite der Straße, die über dem Eingang eines Motels hing.

„Hast du Geld?“

„Ja. Ich bin kein Landstreicher. Ich bin auch nicht von zu Hause abgehauen. Wenn ihr wollt, könnt ihr meiner Mutter anrufen. In Winstel, Texas. Die Nummer ist ...”

„Sag uns lieber, was dein Großvater ausgefressen hat, Kid", unterbrach mich einer von beiden.

„Er hat vor mehr als fünfzig Jahren einen Mann niedergeschossen."

„Dein Großvater ist ein Killer?"

„Er hat einen Mann getötet, der ihn zuvor mit einem Baseballschläger niedergeknüppelt hat. Da der Mann ein Weißer war und mein Großvater ein Schwarzer, steckte man meinen Großvater hinter Gitter und warf den Schlüssel weg."

Die beiden Cops starrten mich an. Sie waren beide schwarz wie die Nacht.

„Dein Großvater ist kein Weißer?"

„Nein." Ich grinste. „Er ist schwarz wie die Nacht."

Sie grinsten auch.

„Bei dir sieht man das aber nicht, Kid. Du siehst ziemlich blass aus."

„Das werde ich immer, wenn mich Cops mitten in der Nacht ausquetschen."

Sie lachten. Einer ging in den Streifenwagen und telefonierte. Als er zurückkam, wusste er was. Das sah man ihm an.

„Kid, ich habe schlechte Nachrichten für dich."

„Er ist tot, nicht wahr? Man hat Ihnen gesagt, dass John B. Swift gestorben ist."

Er schüttelte den Kopf.

„Nein, das hat man mir nicht gesagt. Was man mir gesagt hat, ist, dass dein Großvater niemanden sehen will."

Meine Ohren vernahmen etwas, was ich nirgendwo im Kopf richtig unterbringen konnte. Einerseits begriff ich sofort, dass der Cop mit jemandem telefoniert haben musste, der JB kannte, andererseits war ich derart überrascht von der Nachricht, dass mir echt schwindelig wurde.

„Er lebt also doch“, hörte ich mich sagen.

„Das hast du gar nicht gewusst, Kid?“ Die beiden Cops konnten damit auch nicht viel anfangen. „Wieso bist du denn hergekommen, wenn du gedacht hast, er wäre tot?“

„Ich ... Ich ... Ich war sicher, dass er noch lebt.“

Sie schüttelte ihre Köpfe, als hätte ich in einer anderen Sprache mit ihnen geredet.

„Du bist hergekommen, weil du sicher warst, dass er noch lebt, aber jetzt überrascht es dich, dass er wirklich noch lebt? Sag mal, Kid, piepst's bei dir im Kopf?“

„Meint meine Mutter auch immer“, sagte ich.

Allmählich kriegte ich alles wieder in den Griff. Ich fragte sie, ob ich nun gehen dürfe, und sie sagten, das wäre okay, aber ich sollte doch morgen mit dem ersten Greyhound nach Memphis zurückfahren, weil mich mein Großvater sowieso nicht sehen wolle. Ich bedankte mich bei ihnen für den gut gemeinten Ratschlag, schulterte meinen Seesack und marschierte unter den wachsamen Augen der Cops über die Straße zum Talahalla Motel, bei dem es sich um einen ziemlich heruntergekommenen Schuppen handelte. Das Zimmer kostete dann auch nur siebzehn Dollar. Es roch furchtbar nach allerlei Zeug und nebenan rumorte es die ganze Nacht, als wären zwei Monster dabei, sich gegenseitig zu verschlingen. Ich schlief schlecht. Träumte von Cops, die mich von Bord eines großen Bootes ins Meer warfen, von einer Höhle, die voll mit menschlichen Skeletten war, und von einer nackten Frau, die sich zu Stein verwandelte, als ich sie berührte. Am Morgen wachte ich früh auf, versuchte noch einmal einzuschlafen, aber in meinem Schädel begann es zu rumoren und es gelang mir nicht, mich dazu zu zwingen, an nichts mehr zu denken. So versuchte ich an Alesha zu denken, aber ich fand keine Ruhe mehr, stand auf und verließ das Motel, ohne mich zu waschen oder auch nur die Zähne zu putzen.

Ich fuhr mit dem Taxi zum Forrest County Jail und betrat durch die Glastür die Eingangshalle. Am Anmeldeschalter fragte ich nach John.

„John?“, fragte eine uniformierte, dunkelhäutige Beamtin und blickte mich argwöhnisch an. „Es gibt vermutlich jede Menge Leute hier, die mit Vornamen John heißen.“

„John B. Swift“, sagte ich. „Sagen Sie ihm, dass ich da bin. Mein Name ist Bradley Fletcher.“

„Hab ich mir beinahe gedacht, dass du das bist“, seufzte sie kopfschüttelnd. „Du hast es mir nicht geglaubt, dass er tot ist, nicht wahr?“

„Waren Sie das? Am Telefon?“

„Ja.“

„Sie haben mich angelogen?“

„Stimmt.“

„Warum?“

„Er hat mich darum gebeten.“

Ich schwieg, weil ich darauf nichts zu sagen wusste. Wahrscheinlich sah sie mir an, dass ich ziemlich durcheinander war. Sie kriegte richtig mütterliche Augen.

„Das musst du verstehen, Bradley“, sagte sie. „Der alte Mann will nicht mehr an jene Dinge erinnert werden, die einmal geschehen sind. Er hat mit dem Leben abgeschlossen und ...“

„Abgeschlossen!“, stieß ich hervor. „Der alte Mann weiß noch nicht einmal, dass er einen Sohn hat und ich sein Enkel bin. Und da will er mit seinem Leben abgeschlossen haben.“ Es kamen mir beinahe die Tränen, während ich ihr das sagte. „Ich will ihn sehen!“, würgte ich hervor. „Wo ist er? Hat man ihn denn nicht längst aus diesem Gefängnis entlassen?“

Sie holte tief Luft. Wahrscheinlich sah sie in diesem Moment ein, dass sie mich nicht aufhalten konnte.

„Bitte setz dich dort drüben hin“, sagte sie. „Es wird einige Minuten dauern.“

Ich setzte mich nicht hin. Konnte nicht. Ich legte nur meinen Seesack auf eine Bank und begann in der Eingangshalle auf und ab zu gehen. Sie telefonierte mit jemandem. Als sie fertig war, begann sie in Papieren zu blättern. Aber immer, wenn ich hinübersah, bemerkte ich, wie sie mich beobachtete. Als wäre ich hier wegen meiner in mir schlummernden Gefährlichkeit eingesperrt. Ein Tiger im Käfig. Und ich muss zugeben, dass ich in mir einen unheimlichen Zorn verspürte und am liebsten angefangen hätte, gegen die Wände zu treten. Minuten vergingen, während deren ich mich in Geduld üben konnte, aber schließlich ging hinten in der Eingangshalle, dort, wo die Fahnen der USA und des Staates Mississippi das Bild unseres Präsidenten flankierten, eine Tür auf und als ich den Mann erblickte, diesen hageren, grauhaarigen Mann in einem blauen Overall, wusste ich, dass ich den langen Weg hierher nicht umsonst gemacht hatte. Ich war an meinem Ziel angelangt uns ich wünschte in diesem Augenblick nichts mehr, als dass Lilly hier bei mir gewesen wäre.

Der alte Mann, der dort in der Türöffnung stand, als traute er sich nicht, den nächsten Schritt zu machen, war mein Großvater.

JB.

Ich wollte ihm entgegengehen, aber meine Füße gehorchten mir nicht. Ich stand da, unfähig, mich zu rühren.

Sein Blick war fest auf mich gerichtet, aber ich war nicht sicher, ob er mich sah. Zögernd betrat er die Halle und drückte die Tür hinter sich sachte ins Schloss. Dann kam er auf mich zu. Aufrecht und geschmeidig, wie ich es noch nie bei einem alten Mann gesehen hatte. Nur das ergraute

Haar, das er kurz geschnitten trug, und die Spuren seines Lebens, die ich in seinem Gesicht sehen konnte, erinnerten mich daran, dass JB um die achtzig Jahre alt sein musste.

„Du gibst nie auf, nicht wahr?“, sagte er.

Ich nickte. Ein einziges winziges Wort wollte ich ihm auf seine Frage erwidern, aber es kam mir lange nicht über die Lippen. „Nie“, sagte ich schließlich.

Für einen Moment umspielte ein Lächeln seine Mundwinkel. „Das sehe ich in deinen Augen“, sagte er. „Lillys Augen.“

Ich wollte ihm darauf sagen, dass Lilly mir das auch schon gesagt hatte, dass ich seine Augen hätte, aber ich ließ es bleiben. Sie sahen beide in meinen Augen wohl etwas, was ich tatsächlich war, nämlich mutig.

17. KAPITEL
MIT GEBROCHENEN FLÜGELN

Wenn ich im Forrest County Jail geglaubt hatte, ich wäre am Ziel angelangt, sah ich mich alsbald getäuscht. Zwar stand JB in Fleisch und Blut vor mir, lebendig und scheinbar gut drauf, aber ich war mir plötzlich nicht mehr so sicher, warum ich überhaupt hierhergekommen war. Er wollte nämlich nicht weg. Das sagte er mir gleich am Anfang, als wir zusammen in einem kleinen Aufenthaltsraum saßen, in dem es nichts anderes gab als zwei weinrote Polsterstühle, die mal in einem Frisörgeschäft gestanden haben mochten, einen kleinen Tisch, auf dem eine Kaffeemaschine stand, einen Trinkwasserbehälter und einen Aschenbecher. Der Raum hatte kein Fenster und die von einer Klimaanlage gekühlte Luft, die mir in den Nacken blies, war eiskalt.

„Falls du glaubst, dass ich von hier weggehe, dann will ich dir gleich sagen, dass dies hier, dieses Gefängnis, mein zu Hause ist“, sagte JB, als er die Tür hinter sich zugemacht hatte und an die Kaffeemaschine herantrat.

Ich stand in der Mitte des Raumes. Darauf war ich natürlich nicht gefasst gewesen. Dass einer hier in diesem Knast zu Hause sein könnte.

„Trinkst du Kaffee?“, fragte er mich.

„Nein“, sagte ich.

„Dann setz dich hin.“

Ich setzte mich auf einen der beiden Stühle und schaute ihm zu, wie er einen Styroporbecher voll Kaffee laufen ließ, dann Zucker hineintat und ein wenig Milch und dann den Kaffee mit einem Plastiklöffelchen umrührte. Er tat alles, als hätte er es schon tausendmal gemacht. Jeder Handgriff schien ihm auf Anhieb zu gelingen, und alles sah irgendwie verblüffend leicht und gekonnt aus, obwohl ich natürlich zugeben muss, dass es kein Kunststück ist, sich einen Kaffee zu machen.

Als er damit fertig war, drehte er sich zu mir um, den Styroporbecher in der linken Hand, und das fiel mir sofort auf, weil ich nämlich Linkshänder bin, und zwar der einzige in der Familie. Vater und Mitch sind beide Rechtshänder und auch Mutters starke Hand war die rechte, und deswegen hatte sie wohl, wenn sie uns hin und wieder Ohrfeigen verpasste, die linke genommen.

Minuten vergingen. Wir sagten beide nichts. Ich wartete darauf, dass er mir irgendeinen Vortrag halten würde, über das Leben und so, aber er schwieg und trank von seinem Kaffee und sah mich einige Male kurz an, nicht so, wie man jemanden ansieht, weil man wissen möchte, woran man mit ihm ist, sondern so, wie man einen ansieht, mit dem man nicht viel zu tun haben möchte.

Sein Blick ärgerte mich.

„Jemand hat Lilly gesagt, dass du tot bist“, sagte ich in diese irritierende Stille hinein.

Er hob den Kopf. Jetzt blickte er mich direkt an.

„Wie du siehst, lebe ich.“

Ich nickte.

„Ich halte es für eine absolute Unverschämtheit, mit solchen Sachen zu spaßen!“

„Mit welchen Sachen?“, fragte er stirnrunzelnd.

„Mit Leben und Tod“, antwortete ich.

Er trank einen Schluck vom Kaffee, den er wirklich zu genießen schien.

„Hat Lilly dich hergeschickt?“

„Nein.“

„Dein Vater?“

„Auch nicht. Er weiß nicht einmal, dass ich hier bin, und ich weiß nicht, wo er ist.“

Er sagte nichts darauf. Sah mich auch nicht mehr an.

„Weißt du überhaupt, wer ich bin?"

„Natürlich weiß ich, wer du bist." Er lachte leise auf, wie jemand, dem eben ein amüsanter Gedanke eingefallen ist.

„Falsch."

Jetzt sah er mich wieder an. Seine Augen waren auf einen Schlag neugierig geworden.

„Falsch? Wer bist du denn, wenn du nicht Lillys Enkel bist?"

Ich hatte ihn am Wickel und darüber freute ich mich.

„Deiner", sagte ich und dachte, es würde ihm irgendwas passieren, ein kleiner Schwächeanfall oder so was, aber er war entweder abgebrüht wie eine Speckschwarte oder er hatte nicht richtig verstanden, was ich gesagt hatte. Zur Sicherheit sagte ich es ihm noch einmal, und zwar mit Nachdruck.

„Ich bin auch dein Enkel, Mister JB Swift."

„Stimmt", sagte er, ohne mit einer Wimper zu zucken. Das haute mich fast um. Ich starrte ihn völlig verblüfft an, hatte ich doch erwartet, dass er keine Ahnung hatte, dass Lilly damals schwanger gewesen war.

„Du weißt also, wer ich bin."

Er gab mir darauf keine Antwort. Lächelte nur dieses hintergründige Lächeln, und sein altes Gesicht mit der dunklen faltigen Haut und den noch dunkleren Flecken sah aus wie eine undurchdringliche Maske, aus dem Wurzelholz einer alten Mooreiche geschnitzt, die vom Blitz getroffen und vom Sturmwind gefällt worden war.

Wenn du den dazu bringen willst, von hier wegzugehen, brauchst du einen Riesenbulldozer dazu, dachte ich.

„Und wer hat dir gesagt, dass es mich gibt?"

„Bekannte."

„Joey Pickett? Der Einäugige?"

„Joey Pickett? Was weißt du von Joey?"

„Lilly hat mir von ihm erzählt. Und von allen andern auch. Außerdem war ich in Sara Carters Buchladen an der South Lauderdale."

Er kniff die Augen etwas zusammen. Erinnerungen wurden wach. Ich konnte es ihm ansehen, weil ich kein Auge von ihm ließ und ihn haarscharf beobachtete. Die Erinnerungen beschäftigten ihn. Er stellte den Styroporbecher auf den Tisch und hakte die Daumen in den Latz seines Overalls und lächelte. Lächelte, weil er sich dahinter verstecken konnte.

„Wenn dich Lilly nicht geschickt hat, warum bist du dann hergekommen?"

Die Frage kam mir etwas zu früh.

„Lilly hat mir alles erzählt, was damals geschehen ist", sagte ich ausweichend.

„Was alles?"

„Alles. Von Anfang an."

Er atmete tief ein. Dachte an den Anfang. An das Restaurant in Baton Rouge, in dem er sie zum ersten Mal gesehen hatte. Und wie er auf den Tisch zuging, an dem sie mit ihren Eltern saß, und ihr die Rose schenkte.

„Lilly hat die Rose immer noch", sagte ich. „Jedenfalls die Blütenblätter."

Er kehrte aus seinen Gedanken zurück. Seine Augen wurden hart.

„Sie hätte sie längst wegwerfen sollen", sagte er dumpf.

„Nicht Lilly. Das würde sie nie tun."

Er senkte den Kopf. Gedanken. Erinnerungen. Ich ließ sie ihm und verhielt mich still. Es dauerte lange, bis er den Kopf hob und nach dem Styroporbecher griff. Er trank einen Schluck und stellte den Becher wieder hin und machte keine Anstalten, das Gespräch wieder aufzunehmen.

„Wieso sagt man, dass du gestorben bist, wenn du noch lebst?"

„Ich habe die Leute hier darum gebeten."

„Warum?"

„Weil ..." Er brach ab und wich meinem Blick aus. Es wurde ihm eng in seiner Haut, das spürte ich. Obwohl die Luft eiskalt war, glitzerte in seinen Hautfalten auf der Stirn der Schweiß.

„Lilly lebt in einem Altersheim in Memphis", sagte ich. „Nicht weit von der Beale Street. Es heißt Harvest Moon. Hin und wieder besuche ich sie und sie erzählt mir von damals. Sie hat gedacht, dass du tot bist. Aber so richtig geglaubt hat sie es nicht."

Er sagte nichts darauf.

„Jemand schickte mir einen Zeitungsausschnitt mit einem kleinen Bericht, in dem steht, dass du aus dem Gefängnis hier entlassen worden bist. Das war vor einigen Jahren, fast zehn, glaube ich. Warum bist du noch immer hier drin?"

„Wo sollte ich sonst hingehen?"

„Raus!"

Er lachte auf.

„Ich war draußen."

„Und warum bist du jetzt wieder drin?"

„Weil es mir draußen nicht gefallen hat."

„Das glaube ich dir nicht. Was immer hier drin auch sein mag, draußen kann es nur besser sein."

„Für dich schon. Draußen ist deine Welt. Du kennst sie. Es ist dir alles vertraut. Wenn du die Straße überquerst, kommst du auch heil drüben an. Als ich hier rausging und die Straße überquerte, gab es ein Chaos und die Leute in den Autos wollten mich umbringen, weil ich alles falsch machte, was man heutzutage nur falsch machen kann."

Ich musste lachen.

„Was hast du denn falsch gemacht."

„Wenn ich das nur wüsste. Aber niemand hat es mir gesagt. Sie haben mich angeschrieen und die Fäuste geschüttelt, aber keiner wollte mir sagen, was ich denn falsch gemacht hatte, und so weiß ich es noch immer nicht und würde, wenn ich hier rausgehe, wieder alles falsch machen."

„Nicht, wenn du mit mir rausgehst."

Er schüttelte den Kopf.

„Versuch es lieber nicht, Bradley."

„Warum nicht?"

„Weil es keinen Sinn hat", sagte er bestimmt. „Ich bleibe hier. Das kannst du auch Lilly sagen. Sag ihr, dass es mir gut geht und ich auf den Tag warte, an dem wir uns wiedersehen werden. So fern ist er nicht mehr, glaube ich."

Er sprach vom Sterben. Genau wie Lilly manchmal vom Sterben sprach, wenn sie an ihn dachte. Sie lebten beide, aber sie warteten auf den Tod, als käme danach der schönste Tag ihres Lebens. Ich wollte das nicht begreifen. Leben war für mich das Wichtigste und Wertvollste wobei die Zeit keine Rolle spielte. Ich lebte im Jetzt und ich wollte nicht begreifen, dass sich jemand auf den Tod freuen konnte.

„Lilly stirbt noch lange nicht", sagte ich deshalb. „Sie hatte zwar vor einigen Jahren einen kleineren Schlaganfall, aber jetzt ist sie wieder voll da. Hat sich sogar am Auge operieren lassen."

„An welchem?"

„Am linken."

Seine Gesichtsfalten schienen sich zu glätten, während er an Lillys Gesicht dachte, an das Gesicht, das er so gut kannte und das in dieser langen Zeit, seit er Lilly zum letzten Mal gesehen hatte, und das in diesem Augenblick für ihn nicht älter geworden war.

„Sie glaubt nicht, dass ich dich dazu bringen kann, mit mir nach Memphis zu fahren", sagte ich.

„Sie kennt mich gut. Besser als jeder andere Mensch."

„Sie kennt dich so, wie du einmal gewesen bist", widersprach ich ihm. „Wenn sie dich so mutlos sehen würde, wäre das eine große Enttäuschung für sie, die so viel Kraft und Mut hat."

Er hob die Brauen. Was ich ihm gesagt hatte, schien ihn zu beeindrucken. Er merkte, dass ich über ihn nachgedacht hatte, und über Lilly und das Leben, das sie nicht miteinander leben durften. Ich glaube, er spürte, dass er mich nicht so schnell wieder loswerden würde, weil ich sein Blut war.

„Du meinst, ich hätte keinen Mut?"

„Das meine ich nicht. Aber du hast Angst vor der Welt draußen."

„Sollte ich das etwa nicht?", fragte er auflachend. „Du brichst einem Vogel die Flügel, setzt ihn auf einen Ast und sagst, flieg."

„Kann schon sein, dass es nicht einfach ist, nach bald sechzig Jahren im Knast in die Freiheit zurückzukehren, aber ich frage mich, was schlimmer ist, von der Welt erdrückt zu werden oder hier drin langsam zu krepieren."

Er ließ sich meine Worte durch den Kopf gehen, bevor er antwortete. Und ich wartete. Sah ihn nur an und wartete.

„Hast du keine Angst vor der Zukunft, Bradley?", fragte er, als ich schon fast nicht mehr warten konnte und die nächste Frage auf der Zunge hatte.

Jetzt hatte er den Spieß umgedreht und mich am Wickel, wie ich ihn vorhin am Wickel gehabt hatte. Natürlich war mir manchmal angst und bange vor der Zukunft, obwohl es das Anrecht eines jungen Menschen hätte sein sollen, ohne Angst in die Zukunft zu blicken. Andererseits dachte ich manchmal, wenn ich gut drauf war und zum Beispiel mit Wayne auf dem Wasserturm saß und es Nacht wurde, dass meine Zukunft so hell leuchtete wie die Sterne über Texas. Aber am Tag, wenn ich sah, wie meine Mutter lebte und die anderen Leute in Winstel, ganz klar, dass ich da manchmal richtig Bammel kriegte vor dem, was zum Beispiel Mr. Ledbetter ein anständiges Leben nannte.

JB schien meine Gedanken zu erraten.

„Ich hatte keine Angst vor der Zukunft, als ich ein junger Mann war. Als sie jedoch begann, hörte sie auch gleich wieder auf. Hier drin habe ich es mir abgewöhnt, an die Zukunft zu denken, weil ich so lange keine hatte. Sie lauert mir draußen auf, Bradley, und sie mag mich nicht, das habe ich erfahren."

„Du warst allein, als man dich aus diesem Gefängnis entließ. Jetzt bin ich da."

Er musste lachen und ich lachte mit ihm. Dieses Lachen mochte die Brücke sein, über die wir aufeinander zugingen. Und ich hatte Lilly dabei. Meine Lilly, so wie er sie nicht kannte. Ich holte das Foto heraus, das Vater von Lilly gemacht hatte. Ein Polaroidfoto. Ich betrachtete es kurz, erhob mich und legte es auf den kleinen Tisch, auf dem die Kaffeemaschine stand.

JB warf einen Blick darauf und hob sofort wieder den Kopf.

„Was willst du von mir, Bradley?"

„Ich will mit dir reden. Ich will von dir hören, wie es damals war und wie es dir seither ergangen ist. Ich will alles wissen."

„Warum?"

„Weil ich dein Blut bin."

Er kniff die Augen etwas zusammen und musterte mich. Dann nahm er das Foto vom Tisch und schaute es an. Seine Hände zitterten kaum und er brauchte anscheinend keine Brille, um Lilly zu betrachten. Ich beobachtete ihn, konnte aber in seinem Gesicht keine Regung entdecken. Und während ich ihn beobachtete, hatte ich immer noch meine Stimme im Kopf, wie ein gefangenes Echo. Weil ich dein Blut bin. Keine Ahnung, warum ich das sagte. Dein Blut. Das würde ich heute nicht mehr sagen, weil ich denke, dass es zu schwülstig klingt, aber damals kamen mir die Worte in den Sinn und ich sagte sie, bevor ich mir andere überlegen konnte.

Er legte das Foto auf den Tisch.

„Du hast es immer gewusst, nicht wahr? Du hast gewusst, dass Lilly schwanger war, als man dich nach Fort Leavenworth schickte?"

„Ich ahnte es", sagte JB. „Ich wusste es nicht. Aber als ich sie das letzte Mal sah, war etwas in ihren Augen, das ich zuvor noch nie bei ihr gesehen hatte. Nicht nur der Schmerz und die Traurigkeit, nein, auch eine neue Hoffnung, eine neue Kraft, die in ihr erwachte, damit das Schicksal leichter zu ertragen war."

„Aber sie hat es dir nicht gesagt."

„Nein. Wir haben nie mehr miteinander gesprochen. Uns nie mehr gesehen."

„Warum?"

Er überlegte. Wahrscheinlich hatte er sich diese Frage in den letzten fünfzig Jahren oft genug selbst gestellt, aber jetzt überlegte er, was er mir darauf antworten konnte, sodass ich ihn verstehen würde.

„Ich glaube, wir wollten unsere Liebe nicht zerstören, Bradley", sagte er. „Und ich glaube auch, dass uns das gelungen ist. Wenigstens mir ist es gelungen, das weiß ich. Wäre Lilly nicht jeden Tag bei mir gewesen, in jeder Minute meines Lebens, auf Schritt und Tritt, hätte ich die letzten fünfzig Jahre wahrscheinlich nicht überlebt. Wenn ich dir das sage, weiß ich nicht, ob du das verstehen kannst, Bradley. Es ist bestimmt nicht einfach für einen, der von draußen hereinkommt und wieder gehen kann. Lilly gab mir die Kraft, als ich hier eingesperrt war, und sie gibt mir auch die Kraft, hier drin zu bleiben."

„Das verstehe ich nicht, wo du sie doch sehen könntest."

„Ich sehe sie, Bradley, so wie sie mir in Erinnerung geblieben ist."

„Das ist nicht die Wirklichkeit", wandte ich ein.

„Für einen Gefangenen sind Erinnerungen die einzige Wirklichkeit, für die es sich zu leben lohnt."

„Gibt es nicht auch schlechte Erinnerungen?"

„Ja. Sie gehören dazu. Manchmal werden sie zu Albträumen."

Ich brauchte ihn nicht zu fragen, welches sein schlimmster Albtraum war. Ich glaube, es war die Erinnerung an den Moment, als er den Revolver aus der Jacketttasche nahm und ihn auf den Mann richtete, der schon dabei war, wegzugehen.

„Auch Lilly lebt von ihren Erinnerungen", sagte ich.

„Lilly." Er sagte den Namen und lauschte ihm nach. Dann hob er den Kopf. „Wie geht es ihr?"

„Gut."

„Erzähl mir von ihr."

„Hier drin?" Ich schaute mich um. „Ich ersticke hier drin."

Jetzt wurden seine Augen argwöhnisch. Er öffnete den Mund, um etwas zu sagen, aber er sagte nichts.

Mir war das egal. Ich hatte ihn, wo ich ihn haben wollte. Wenigstens glaubte ich das.

„Wie kommt es, dass wir überhaupt miteinander reden können und nicht überwacht werden?", fragte ich ihn.

„Aber ich habe dir doch gesagt, dass ich hier drin kein Gefangener mehr bin.“

„Kein Gefangener? Was soll denn das schon wieder heißen, kein Gefangener? Ist das ein Gefängnis oder ein Altersheim?“

„Nenne es wie du willst, Bradley, aber ich bin freiwillig hier drin.“

„Man hat dich rausgelassen und du bist freiwillig zurückgekehrt? Das musst du mir erklären.“

Er wich meinem spöttischen Blick nicht aus. Im Gegenteil, seine Augen wurden hart.

„Ich bin der Hausmeister hier.“

„Der Hausmeister?“

„Das ist mein Job. Man bezahlt mich. Ich darf hier drin leben. Und wenn ich raus möchte, dürfte ich das jederzeit tun.“ JB nahm das Foto vom Tisch, ging an mir vorbei zur Tür und griff mit der linken Hand nach dem Knauf.

„Ich bin auch Linkshänder“, sagte ich schnell.

Er grinste schief.

„Du bist mein Blut“, sagte er, mich an meine eigenen Worte erinnernd. Er machte die Tür auf. „Ich muss wieder an die Arbeit. Die Leute hier bezahlen mich nicht fürs Nichtstun.“

„Du hast gesagt, dass du jederzeit weg darfst. Warum gehen wir nicht zusammen zu McDonald's und essen einen Big Mac. Mit Lilly tu ich das manchmal. Wir gehen zu McDonald's in der Nähe des Heims und dort hängen die Wände voll mit alten Fotos der großen Bluesmusiker, die in der Beale Street gespielt haben. Wenn wir dort sind, reden wir meistens über dich.“

Er ließ das Polaroidfoto von Lilly in der Brusttasche seines Overalls verschwinden und machte die Tür weiter auf, und ich erhob mich und ging in die Halle hinaus.

Die Beamtin am Anmeldeschalter beobachtete mich.

„Also“, sagte ich zu JB. „Wir können bei McDonald’s über Lilly reden.“

„Du gibst wirklich nie auf, stimmt’s?“

„Nie“, sagte ich, und das hatte ich schon Lilly auf die gleiche Frage geantwortet.

Er kratzte sich im Nacken, runzelte die Stirn und sah mich mit einem schiefen Blick an.

„Okay“, sagte er plötzlich. „Warte hier einen Augenblick.“

Ich hätte jubilieren können vor Freude, aber ich blieb äußerlich absolut cool. Er verschwand durch die Tür, durch die er hereingekommen war, und ich ging zum Anmeldeschalter und lehnte mich gegen den Steinsims.

„Einen tollen Knast habt ihr hier“, sagte ich durch das Glas, das mich daran hinderte, ihr aus lauter Freude einen Kuss zu geben. „Wo ich herkomme, gibt es keinen.“

„Das gibt es nicht. Wo kommst du denn her?“

„Winstel.“

„Winstel. Nie gehört.“

„Ist ein Nest in Texas, wo nichts los ist. Früher gab’s mal einen Knast, aber das ist schon lange her.“

„Ein Ort ohne Gefängnis, das muss das Paradies sein“, sagte sie.

„Oder die Hölle“, sagte ich.

Sie blickte mich hilflos an, weil sie nicht draufkam, was ich meinte, aber ich erklärte es ihr nicht. Ich ging zur Sitzbank und setzte mich und wartete. Und ich dachte an den Tag, als ich Santiago Gomez geholfen hatte, aus dem Knast auszubrechen.

18. KAPITEL
YESTERDAY MAN

Deputy Rincetti hatte ihn erwischt. Unten in der Brewster-Senke. Einige Tage zuvor war auf dem uneingezäunten Weideland der Brewster-Ranch ein Jährling getötet worden, ein kleines Rind, das sich im Quellgebiet des South Wichita River verlaufen hatte, ungefähr dreißig Meilen von Winstel entfernt. Brewsters Cowboys hatten die Geier gesehen und dann das tote Rind entdeckt. Jemand musste es mit einem Messer getötet haben, mit einem Stich in die Halsschlagader. Das Rind war sorgfältig zerlegt worden, so wie es nur jemand tun konnte, der sich mit dieser Arbeit auskannte. Die meisten Stücke fehlten. Was übrig geblieben war, lag weit verstreut um die Stelle herum, wo das Tier geschlachtet worden war.

Natürlich gab es jede Menge frische Spuren. Sie führten ins Dornbuschdickicht beim alten Ölfeld, wo noch ein paar Förderpumpen standen, die allerdings schon lange kein Öl mehr hochbrachten. Dort stießen die Cowboys auf eine Gruppe von Illegalen aus Mexiko. Sie ergaben sich, als die Cowboys sie eingekreist hatten. Nur einer rannte davon. Ein Junge, kaum älter als Mitch. Rannte, so schnell er konnte, mitten ins Dickicht hinein und die Cowboys schossen ein paar Kugeln hinter ihm her und dann versuchten sie ihn zu verfolgen, aber das Dickicht war für Pferde unpassierbar. Der Junge entkam und die Cowboys trieben die Illegalen zur Straße, luden sie auf einen Pickup und fuhren sie nach Dickens, wo sich ein Stützpunkt der Border Patrol befand.

Deputy Paul Rincetti, der damals in Winstel Dienst tat und kaum je etwas zu tun kriegte, wollte sich die Chance nicht entgehen lassen, wenigstens einmal ein Held zu sein.

Er fuhr mit seinem Pickup zum Dornbuschdickicht und

fand den Jungen, als dieser im Tümpel in der Brewster-Senke, nicht weit von Winstel entfernt, das Blut von seinem zerschundenen Körper wusch. Er brachte ihn nach Winstel, und obwohl ihn alle sofort aufforderten, dem Jungen was zu essen und zu trinken zu geben und ihn dann laufen zu lassen, sperrte ihn Rincetti in eine Zelle im alten halb zerfallenen Knast.

In der Nacht gingen Wayne und ich zu Jesse Walker. Der hatte einen Satz verschiedener Dietriche in der Werkstatt. Einer von ihnen passte ins Schloss der Bohlentür, ein anderer in das der Zelle. Wir holten den Jungen raus, führten ihn zu Jesse Walkers Werkstatt und versteckten ihn in einem kleinen Schuppen hinterm Haus. Rincetti suchte überall nach ihm und lästerte und fluchte und drohte, dass er nicht eher ruhen würde, als bis diejenigen, die dem Gefangenen zur Flucht verholfen hatten, bestraft wären.

Aber er fand nie heraus, wer es gewesen war. Der Junge, Santiago Gomez, blieb sieben Tage im Schuppen von Jesse Walker, ohne dass es jemand bemerkte. Nicht einmal Jesse merkte es, obwohl er oft rausging und gegen die Seitenwand des kleinen Schuppens pinkelte, dort, wo die alten abgefahrenen Reifen in der Sonne verrotteten.

Wir wurden Freunde, Santiago und wir zwei, Wayne und ich, aber eines Morgens, als wir zum Schuppen kamen, war er verschwunden. Wir fühlten uns ziemlich verlassen an jenem Tag, und etwas später am Abend dann, kletterten wir auf den Wasserturm und spähten ins Land hinaus, wohl wissend, dass wir ihn nicht sehen würden. Aber dort draußen irgendwo musste er sein, und ich wünschte in diesem Moment, dass ich mit ihm dort draußen wäre, weit weg von Winstel, irgendwo, wo es keine Straßen gab, keine Häuser. Die Einsamkeit, die ich mir vorstellte, lockte mich mehr, als sie mich schreckte, und erst als die Sonne untergegangen war und sich die Dämmerung in meine Seele schlich, spürte ich ein Gefühl der Angst in mir aufkommen, Angst, allein zu sein, Angst, meine Mutter nie mehr zu sehen, nie mehr unser Haus zu betreten oder am Telefon mit meinem Vater, Jim Fletcher, zu reden.

„Komm, wir gehen", sagte Wayne, der die ganze Zeit nichts gesagt hatte, weil er seinen eigenen Gedanken nachhing und wahrscheinlich genauso tief in sich hineinschaute, wie ich es getan hatte.

Wir kletterten die lange Stahlleiter hinunter und gingen nach Hause. Drei Tage später hörten wir, dass in der Nähe von Dumont, ganz in der Nordostecke unseres County, ein Farmer auf offener Landstraße getötet worden war. Wahrscheinlich mit seinem eigenen Revolver. Als man den Farmer fand, lebte er gerade noch so lange, um zu sagen, dass ein junger Mexikaner ihn überfallen hatte. Santiago Gomez, der mein Freund geworden war.

Das ganze County geriet in Panik, aber keine zwei Tage später erwischte man ihn in den Rimrocks bei den Twin Buttes. Er hatte sich in der Nacht ein Feuer gemacht, um sich warm zu halten. Das Feuer verriet ihn. Am Morgen, im kalten Grau der Dämmerung, stellten ihn Beamte der Border Patrol. Von einem Helikopter aus forderten sie ihn auf, stehen zu bleiben. Er rannte. Da schossen sie ihn nieder.

Ich erzählte JB die Geschichte auf dem Weg zum nächsten McDonald's, nachdem ich mich von seinem Anblick erholt hatte.

So altmodisch, wie er nämlich aussah, hätte er besser in einen Hollywoodstreifen gepasst, der zur Zeit Al Capones spielte, als in das Straßenbild von Hattiesburg.

Braune Nadelstreifenhose, weißes Hemd, Krawatte, Hosenträger und Hut. Das zur Hose passende Jackett hatte er sich über den Arm gelegt.

Es war brutal schwül hier unten, so nahe am Golf von Mexiko. Niemand sonst trug eine Krawatte und Hosenträger. Die Leute, die uns begegneten, trugen Jeans und T-Shirts und Sportschuhe, die Frauen Shorts und Blusen und T-Shirts mit aufgedruckten Sprüchen oder Namen von Modedesignern. Kleine verschwitzte Kinder betrachteten JB mit neugierigen Augen. Frauen, die nach Deosprays rochen, schielten im Vorbeigehen nach dem alten Mann im weißen Hemd und mit Krawatte. Ein paar Kids vor dem McDonald's, Jungs und Mädchen, sahen uns kommen und musterten JB cool, während sie eine Tüte Fritten herumreichten und aus riesigen Styroporbechern Cola tranken.

Wir wollten an ihnen vorbeigehen, aber einer quatschte mich an.

„He, was ist mit dem Alten?", fragte er mich.

„Mit welchem Alten?", fragte ich zurück.

„Mit dem dort." Er deutete mit seinem Cola Becher auf JB. „Der sieht ziemlich von gestern aus in seinen uralten Klamotten."

Ich grinste so dämlich, dass sie mich für einen der ihren hielten.

„Er ist der Yesterday Man", sagte ich cool und ließ sie stehen. Ich wusste, dass JB gehört hatte, was der Junge wegen seiner Klamotten gesagt hatte, aber es schien ihm gar nichts auszumachen.

Überhaupt sprach JB die ganze Zeit kein Wort. Er war wachsam, das spürte ich. So als erwartete er eine Falle. Wahrscheinlich schrillte in ihm die ganze Zeit ein Gefahrenalarm. Er schien darauf zu warten, dass irgendetwas passierte, aber es passierte nichts. Niemand hupte uns an, als wir bei Grün die Straße überquerten. Die Kids vor dem McDonald's versuchten nicht, handgreiflich zu werden.

Das Mädchen mit dem roten Käppi, bei dem wir die Big Macs bestellten, hatte ein strahlendes Lächeln aufgesetzt und fragte JB artig, ob er extra Ketchup haben wolle. Ein kleines Mädchen, das an unserem Tisch vorbeiging, bückte sich und hob ihm das Jackett auf, das von JBs Sitz gefallen war, ohne dass er es bemerkt hatte. Es kam auch keiner rein und ballerte mit einer Knarre um sich, wie das ein paar Wochen zuvor woanders passiert war.

Innerlich triumphierte ich natürlich. Dieser Tag war ein absoluter Glückstag. Die Welt zeigte sich JB von ihrer besten Seite. So, als hätte sie jahrelang nur auf ein Wiedersehen mit ihrem verlorenen Sohn gewartet.

Schöne heile Welt. Alles war cool.

„Und?", fragte ich ihn, als wäre ich beim Erschaffen dieser Welt einer der Mitverantwortlichen gewesen. Gottes Sohn oder so, mit dem Finger am Lichtschalter.

Er hob den Kopf, Ketchup im Mundwinkel. Im Licht konnte ich seine weißen Bartstoppeln glitzern sehen. Er war zwar frisch rasiert, aber am Kinn glitzerten die winzigsten Stoppeln.

„Nicht schlecht, oder?", fragte ich ihn, weil er mir auf meine erste Frage nicht geantwortet hatte.

Er wiegte den Kopf und betrachtete den Rest seines weich gewordenen Hamburgers, der sich beinahe zwischen seinen mit Ketchup verschmierten Fingern auflöste.

„Ein Big Mac ist das?", fragte er.

„Ja. Lilly mag Big Macs ganz besonders."

„Warum?" Er sah mich ernst an. „Hat sie etwa keine Zähne mehr?"

Das fing ja gut an. Ich wollte ihn eben eines Besseren belehren und ihm erklären, dass Lilly eine wunderbare Frau sei, da zersprang sein Gesicht in tausend Falten.

„Lilly ohne Zähne", sagte er und lachte laut. „Weißt du,

wie oft wir uns damals ausgedacht haben, wie es sein würde, zusammen alt zu werden. Nie wäre mir in den Sinn gekommen, dass Lilly einmal keine Zähne mehr haben könnte."

„Hat sie aber nicht!", murrte ich. „Und Lilly ist ..."

„Eine wunderbare Frau", fiel er mir lachend ins Wort. „Reg dich nicht auf, Bradley, ich kann mir nur nicht vorstellen, dass Lilly so was wie das hier gern essen mag."

Der matschige Rest des Hamburgers entschlüpfte seinen schmierigen Fingern und fiel aufs Tablett zurück.

Er griff zur Serviette.

„Ich weiß, wie Lilly aussieht", sagte er. „Du denkst vielleicht, ich weiß das erst, seit ich das Foto gesehen habe, aber das Foto ist nur ein Bild. Für mich ist Lilly nicht so geblieben, wie sie damals war. Selbst auf die Gefahr hin, dass du mich für verrückt hältst, sage ich dir, dass Lilly mit mir zusammen alt geworden ist, und ich brauche nicht einmal die Augen zu schließen, um sie zu sehen. Deshalb habe ich gelacht. Lilly ohne Zähne. Das ist ein lustiges Bild."

So war er. Ein bisschen wie mein Vater. Ich glaube, man hätte JB nie böse sein können, egal, was er sagte oder tat.

Ich sah, dass er Schwierigkeiten hatte, seine Finger sauber zu kriegen.

„Dort hinten ist die Toilette", sagte ich. „McDonald's ist weltberühmt für saubere Toiletten."

Er stand auf und ging auf die Toilette. Als er zurückkehrte, kamen die Kids rein. Eines der Mädchen fragte ihn, ob er vom Film sei. Ein Filmstar. JB schüttelte den Kopf.

„Ich war einmal ein Bluesmusiker", sagte er.

Das Mädchen sah seine Freunde und Freundinnen verstört an. Einer der Jungs wandte sich an JB.

„Blues, Mann, das gibt's längst nicht mehr. Wir Nigger haben heute Rap drauf und sonst gar nichts."

„Genau", sagte JB mit einem Lächeln und kam zum Tisch, auf den ich inzwischen das Buch aus dem Buchladen von Sara Carter gelegt hatte. Geöffnet. Er setzte sich, sah das Buch, und dieses Mal nahm er die Brille aus seinem Jackett, setzte sie auf und betrachtete das Bild.

„Wo hast du das her?"

„Aus Sara Carters Buchladen."

Er studierte das Foto kurz, dann hob er den Kopf.

„Ich wusste nie, was mit meinen Sachen geschehen ist", sagte er. Kein Wort verlor er über den Mann auf dem Bild. Er erwähnte auch die Gitarre nicht, die an der Wand hing, obwohl er sie bemerkt hatte. Er schlug das Buch zu und reichte es mir. „Komm, wir gehen."

Wir verließen das McDonald's. Draußen fragte ich ihn, wohin er gehen wolle, und er sagte, dass er mit mir fast überallhin gehen würde, nur nicht nach Memphis.

„Es ist deine Welt, Bradley. Du führst mich durch deine Welt und ich seh sie mir an und während wir das tun, erzählst du mir von Lilly."

„Und dann?"

„Was dann?"

„Wenn ich dir alles erzählt habe?"

„Dann geh ich nach Hause."

„Und ich? Was ist mit mir? Wenn du glaubst, ich fahr ohne dich nach Memphis zurück, bist du auf dem Holzweg. Und ich fahr auch nicht nach Winstel. Ich bleibe hier, bis du keine Angst mehr hast, Lilly zu begegnen."

Er sagte nichts darauf. Wir gingen in der stickigen Hitze des Tages die Mainstreet hinunter und ich erzählte ihm von Lilly. Ich erzählte ihm auch von Vater und Mutter und von Mitch und Mr. McDelcott und von den Leuten in Winstel und manchmal unterbrach er mich und stellte mir eine Frage, zum Beispiel, ob ich denn ein Mädchen hätte, und ich sagte, ja natürlich, und ihr Name sei Hanna und sie spiele Fußball, worüber er sich sehr wunderte. Er wollte viel über meinen Vater wissen, aber es gab nicht sehr viel, was ich ihm hätte erzählen können. Oder wollen. Ich verschwieg ihm natürlich, was mit Alesha passiert war. Das brauchte er nicht zu wissen. Und ich verschwieg ihm auch, dass uns Vater damals, ohne sich zu verabschieden, verlassen hatte. Ich sagte ihm nur, dass zwischen ihm und Mutter irgendetwas schief gelaufen war und dass sie sich getrennt hätten und dass meine Mutter später einen anderen Mann heiratete, nämlich McDelcott. Ich erzählte ihm von den Rimrocks und wie die Felsen der Twin Buttes manchmal im Abendrot leuchteten und vom ewigen Präriewind und vom Wasserturm und Wayne, dessen Großvater kürzlich gestorben war, und von Jesse Walker, der mich den Pickup fahren ließ, obwohl ich keinen Führerschein hatte, und ich erzählte ihm, dass ich Schriftsteller werden und ein Buch über Lilly und ihn schreiben wolle, weil es eine Geschichte sei, wie sie eben nur das Leben schreiben könne.

Das Hemd, das ich trug, klebte an meinem Leib und ich bemerkte, dass auch JBs Hemd nass geworden war. Er hatte die Krawatte weit aufgemacht und den Hemdkragen geöffnet und er hörte mir aufmerksam zu, als ich ihm von Winstel erzählte und von Mr. Ledbetter, der sich Sorgen um Hannas Zukunft machte. Er schmunzelte manchmal, und manchmal musste er lachen, aber die meiste Zeit war er sehr ernst, besonders, wenn ich ihm von meinem Vater erzählte und dass ich nicht wusste, wo er war. Das machte ihm am meisten zu schaffen. Ich spürte es, und so versuchte ich, ein paar gute Dinge über Vater zu erzählen, zum Beispiel, dass er mich nie geschlagen hatte und Mitch natürlich auch nie, und dass wir einmal mit einem alten Motorrad furchtbar gestürzt waren, mein Vater mit Mitch vorn auf dem Tank sitzend, ich hinten drauf, und dass er uns beide sieben Meilen weit durch Nacht und Sturm nach Hause zurückgetragen hätte.

Am Ende, als mir nichts Gutes mehr über meinen Vater einfiel, sagte er: „Die Motorradgeschichte ist gelogen, stimmt's?“

Er hatte mich durchschaut. Er ahnte, dass ich mir im Laufe der Zeit einen Vater zusammengeschwindelt hatte, weil Jim Fletcher nicht der war, den ich gebraucht hätte.

Ich gab ihm keine Antwort auf die Frage und er stellte sie mir auch nicht mehr. Ich wusste von da an, dass ich ihm nichts vormachen konnte.

Ich verschwendete auch keine Worte über den Mann, den Lilly heiratete, damit Jimmy, mein Vater einen Vater bekam und danach sogar einen Halbbruder. Das waren Abschnitte im Leben Lillys, von denen sie ihm selbst erzählen konnte, sollte er denn dazu bereit sein, ihr eine Chance zu geben und mit mir nach Memphis zurückzukehren.

Irgendwann am Nachmittag gingen wir in ein kleines Café und er bestellte einen Kaffee und ich bestellte mir eine Cola. Wir schauten den Leuten zu, die draußen vorbeigingen, Leute, die es eilig hatten irgendwohin zu gelangen, solche, die herumschlenderten, als hätten sie kein Ziel, alte Leute und junge, Männer und Frauen, kleine Kinder, eine Schulklasse auf dem Weg ins Museum, das sich auf der anderen Straßenseite befand, ein Polizist, der mit einer jungen Frau redete und danach hereinkam und Kaffee trank und einen Doughnut verdrückte. Der Fernseher lief, aber ich weiß nicht mehr, was gezeigt wurde, weil mich JB in seinen Bann zog, als er mir von jenem Tag erzählte, als er Lilly zum ersten Mal begegnet war und sich in sie verliebt hatte.

„Als ich ihr die Rose gab, da war ich absolut sicher, dass

ich sie wiedersehen würde, aber später kamen die Zweifel. Ich hatte vergessen, ihr meine Telefonnummer zu geben oder sie nach der ihren zu fragen, falls sie überhaupt eine hatte. Vergiss nicht, Bradley, auch das Telefonieren war damals keine einfache Sache und nicht viele Menschen hatten Zuhause ein Telefon Aber wie hätte ich sie denn auch nur fragen können? Vor ihren Eltern? Es hätte sogar Schwierigkeiten geben können, weil ich es gewagt hatte, den Raum zu verlassen, der für uns Schwarze vorgesehen war und zu den Weißen hinüberzugehen. Ihr Vater hätte sich nur beschweren müssen und schon wären die Cops da gewesen. Die Furcht, dass ich Lilly nie mehr sehen würde, ließ mich nicht mehr in Ruhe. Ich versuchte mir einzureden, dass sie nach mir forschen würde und dass ich sie leicht wiederfinden würde, weil sie von solch außergewöhnlicher Schönheit war, aber die Zweifel wurden stärker und schließlich rannte ich den ganzen Weg zurück zum Restaurant, aber sie war nicht mehr da. Es war ein schlimmer Anblick, der Tisch, an dem sie gesessen hatte, und der leere Stuhl. Ich schaute nach, ob die Rose vielleicht liegen gelassen hatte, aber sie war weg. Ich fragte den Besitzer des Restaurants nach ihr, aber er wusste keinen Namen und auch nicht, ob sie von hier war, von Baton Rouge. Gesehen hatte sie vorher niemand. Wo immer ich auch nach ihr fragte, niemand wusste etwas. Monate vergingen. Ich gab die Hoffnung nicht auf. Ich glaubte immer, dass sie eines Tages vor mir stehen würde, weil wir durch unsere Liebe längst verbunden waren, ganz gleich, wie weit uns unsere Wege voneinander weggebracht hatten. Und dann geschah es, ausgerechnet an einem Abend, an dem ich zum ersten Mal ein Lied singen wollte, welches ich für sie geschrieben habe, ‚Lady in Blue'. Sie war plötzlich da ..."

Er brach ab, lehnte sich zurück und trank einen Schluck

Kaffee.

„Sie kam mit Crazy Legs in den Club", sagte ich.

Das Leuchten in seinen Augen erlosch.

„Wir wollen nicht über ihn reden, Bradley", sagte er. „Weißt du, ich habe vieles vergessen, was damals geschehen ist. Das war am Anfang nicht einfach. Ich war zornig und sann auf Rache. In Fort Leavenworth, wo man mich zuerst hinbrachte, wollte ich abhauen. Aber das schaffte ich nicht. Ich war hilflos, und das machte mich noch wütender."

„Du hast bei einer Gefangenenrevolte mitgemacht."

„Ja. Ich war einer der Anführer. Von draußen war die Nachricht gekommen, dass Leute vom Ku-Klux-Klan das Haus niedergebrannt hatten, in dem ich geboren worden war. Es stand in Mississippi. Nicht weit von hier. Mein Vater hat es gebaut. Für uns. Meine Schwester kam darin ums Leben. Und meine Mutter."

„Was ist geschehen?"

„Es gab damals viele, die uns hassten, weil mein Vater ein Mann war, der sich nicht scheute, seine Meinung zu sagen. Auch wenn man ihn bedrohte. Er war ein starker Mann, aber er war nicht da, um seine Familie zu schützen, als in einer mondlosen Nacht vermummte Reiter kamen und das Haus anzündeten, in dem meine Mutter und meine Schwester schliefen."

„Und wo war dein Vater?"

„Tot. Sie hatten ihn in der Stadt umgebracht, als er ein Jahr zuvor eine Fuhre Mais zum Markt brachte. Als ich vom Tod meiner Mutter und meiner Schwester hörte, wollte ich mir an der Zellenmauer den Schädel einrennen. Es klappte nicht. Man hat mich in das Gefängnisspital gebracht und wieder zusammengeflickt, aber als es zu den ersten Tumulten kam, wollte ich dabei sein. Als Anführer. Ich wusste, dass ich eine gute Chance hatte, von den Wächtern niedergeschossen oder zu Tode geknüppelt zu werden. Aber das war mir damals egal. Ich wollte ohnehin nicht mehr leben. Nicht ohne Lilly."

„Wenn du nicht ohne Lilly leben konntest, warum hast du es dir nicht vorher überlegt?"

„Wann vorher?"

„Bevor du in den Knast gekommen bist."

Er sah mich verständnislos an.

„Bevor du den ...", ich stockte unwillkürlich und nahm einen neuen Anlauf. „Bevor du den Revolver in die Hand genommen hast."

Er runzelte die Stirn. Ich fürchtete, dass ich mit dieser Frage zu weit gegangen war. Ich griff nach dem Cola Glas. Meine Hand zitterte. Er bemerkte es und lachte auf.

„Ja, ich kann mich gut an jenen Tag erinnern, Bradley", sagte er. „Es war ein ganz besonderer Tag. Als ich aufwachte, fragte ich Lilly, ob sie meine Frau werden wollte. Sie lag neben mir und rührte sich nicht. Ich flüsterte ihr die Worte ins Ohr und küsste ihren Nacken und sie wachte auf und fragte mich, ob es nur ein Traum war oder ob ich sie wirklich gefragt hätte, ob sie meine Frau werden will. Ich sagte es ihr noch einmal und sie sagte Ja, und wir blieben den ganzen Morgen im Bett liegen und schmiedeten Pläne. Wir wussten beide, dass es nicht einfach sein würde. Wir konnten nicht in Memphis bleiben und entschieden uns deshalb, nach Chicago zu fahren. Ich hatte Freunde dort. Zum Mittagessen gingen wir ins Hotel Clark Dorthin konnte ich Lilly mitnehmen. Das Hotel war nur für uns Farbigen, aber der Besitzer ließ uns durch den Hintereingang hinein. Am Nachmittag fuhren wir hinunter zum Mississippi und schauten zu, wie die riesigen Baumwollballen verladen wurden, und wir gingen zur Mississippi Brücke und blickten auf den Fluss hinunter und ich glaube, das war so wie bei dir, wenn du mit Wayne auf dem Wasserturm sitzt, du denkst über dein Leben nach, über das, was geschehen ist und das, was du dir wünschst, und du spürst, dass es das Glück wirklich gibt, aber gleichzeitig spürst du auch die Angst, es zu verlieren. Ich weiß nicht, woran Lilly gedacht hat, als wir beide auf der Brücke standen und ins Wasser starrten, aber ich weiß, dass sie auch an unsere Zukunft dachte und an das, was hier zurückbleiben würde, wenn wir von Memphis weggingen. Ich spürte ihre Trauer und ihre Verzweiflung. Und ich spürte die Angst in mir. Sie ließ mich an diesem Tag nicht mehr los. Vielleicht nur für einen Moment, als wir im Frank's Café saßen. Da verflog sie wie eine einzelne Wolke am Himmel, der Vorbote eines drohenden Unwetters, das noch hinter dem Horizont verborgen ist.

Es war gegen fünf Uhr am Nachmittag, als wir Frank's Café verließen. Und was dann passierte, das hat dir Lilly erzählt."

„Erzähl es mir trotzdem", bat ich ihn.

„Ich habe es nie jemandem erzählt."

„Warum nicht?"

„Weil es niemand begriffen hätte."

„Dann erzähl es mir."

Er lehnte sich vor, so, als wollte er verhüten, dass jemand mithörte, aber es war niemand in der Nähe.

„Ich hatte mir den Revolver bei einem Trödler namens Perkins gekauft", sagte er. „Ich wusste, dass sie mich eines Tages angreifen würden. Lillys Vater hatte mir oft genug gedroht. Alle wussten es. Die Cops auf der Straße, die Leute im Club. Besonders nach der Razzia, bei der man mich verhaftete. Die Cops sperrten mich ein und ich dachte, ich bleibe vierundzwanzig Stunden drin, aber mitten in der Nacht holten sie mich raus, Lillys Vater war da und sagte mir vor den Cops, dass meine Tage in Memphis gezählt seien. Es war keine Warnung. Es war eine Drohung. Er war bereit, jemandem Geld dafür zu geben, mich zu töten. Das war mir klar. Ich sagte den Cops, habt ihr das gehört, aber sie grinsten nur und sagten, dass ich dringend überlegen sollte, mir eine dunkelhäutige Freundin zuzulegen und die Finger von den holden Mädchen dieser Stadt zu lassen.

Von da an trug ich den Revolver immer bei mir. Auch wenn Lilly dabei war. Auch an jenem Tag hatte ich ihn dabei. Und als wir aus Frank's Café kamen, wusste ich sofort, was geschehen würde. Lilly hatte keine Ahnung von nichts. Ich hatte ihr nie erzählt, dass ich mich mit ihrem Vater getroffen hatte und dass er mir gedroht hatte. Sie wusste nicht, dass ich schon seit Wochen um mein Leben bangte. Niemand wusste es.

Ich sah drei oder vier Cops in der Nähe, als wir aus Frank's Café kamen, aber ich wusste, dass sie nicht da waren, um mich zu beschützen. Ich kannte die Männer nicht, die auf mich warteten. Nur einen von ihnen hatte ich hin und wieder im Royal Blue gesehen, ein Schwarzer, der Lawrence hieß. Ich kannte ihn nicht, aber ich hatte ihn zusammen mit Crazy Legs gesehen und mit ein paar anderen Typen, die sich meistens in den Hinterzimmern des Clubs herumtrieben. Ratten waren sie alle. Ich verachtete sie für das, was sie waren, und für das, was sie im Auftrage anderer tun wollten."

Ich erinnerte mich an das, was mir der Straßenkehrer erzählt hatte. Dass die Männer anfingen, JB herumzuschubsen. Und dass er ihnen sagte, er wolle in Frieden seinen Weg gehen.

Aber sie ließen ihn nicht gehen. Jetzt saß JB vor mir und ein halbes Jahrhundert lag zwischen jenem Tag und heute, aber ich sah in seinen Augen den Schmerz, den es ihm bereitete, in seinen Erinnerungen herumzustochern. Trotzdem fuhr er fort.

„Sie beleidigten mich in einer Art, der ich nicht begegnen konnte, weil Lilly bei mir war. Ich sagte ihnen, sie sollen uns in Ruhe lassen. Sie lachten mich aus. Dann fingen sie an, Lilly zu beleidigen. Ich warnte sie. Es nützte nichts. Da schlug ich diesem Lawrence die Faust ins Gesicht. Ich dachte, jetzt haben sie genug, und wollte weitergehen, aber da hatte einer plötzlich seinen Baseballschläger in den Händen und er schlug sofort zu. Drei von ihnen zerrten Lilly mit sich über die Straße und Lawrence trat mir mit dem Schuh ins Gesicht. Ich versuchte mich zu wehren, aber der mit dem Baseballschläger traf mich am Arm. Das nächste Mal schlagen wir dir den Schädel ein, Nigger, sagte er, als ich am Boden kniete. Und dann sagte er noch etwas, und das war der Grund, warum ich den Revolver aus der Tasche zog und schoss."

Ich blickte ihn an.

„Es ging alles sehr schnell, Bradley. Von dem Moment an, als ich nach dem Revolver griff, bis zu dem Moment, als er zusammenbrach, vergingen nur einige Sekunden."

„Was hat er dir gesagt?"

Jetzt wich er meinem Blick aus.

„Du willst es nicht hören, Bradley."

„Sag es mir trotzdem!"

Er schwieg lange. Dann hob er den Kopf.

„Frag mich nicht mehr danach, Bradley!"

Das war's. Als er endlich zu erzählen aufhörte, war es später Nachmittag und ich sah ihm an, dass er müde geworden war. Seine Augen waren müde, seine Schultern hingen herab. Er wollte zurück in den Knast, den er sein Zuhause nannte. Und er wollte allein gelassen werden.

Ich verstand das, ohne dass er mich darum bitten musste. Er sagte nur, dass er jetzt nach Hause gehen würde, und er stand auf und ging. Ich blieb am Tisch sitzen und schaute ihm nach, wie er zur Tür ging, nicht mehr so aufrecht und gerade wie am Morgen, ein alter Mann, der sich auf dem letzten Wegstück seines Lebens befand, oder einer, der nur Ruhe brauchte, bevor er einem neuen Pfad folgen würde.

Beinahe wäre ich ihm nachgelaufen, aber ich blieb sitzen, das leere Cola Glas vor mir auf dem Tisch.

Bei der Tür blieb er stehen, schien zu zögern, ob er hinausgehen oder sich noch einmal umdrehen sollte. Dreh dich um, dachte ich, und er tat es. Er kam sogar zum Tisch zurück.

„Weißt du, was mich wütend macht, Bradley?"

Ich hob die Schultern.

„Was denn?"

„Dass sich dieser heimtückische Wicht meine Gitarre an die Wand gehängt hat."

Nach diesen Worten ging er zur Tür. Er öffnete sie und schlurfte hinaus, ein Mann und seine schwere Last, den das Sicherinnern müde gemacht hatte. Es war nichts Außergewöhnliches geschehen an diesem Tag, und trotzdem war ich sicher, dass JB mit mir nach Memphis zurückkehren würde. Auf Umwegen vielleicht, aber am Ende würde er dort ankommen, wo Lilly auf ihn wartete.

19. KAPITEL
ZURÜCK ZUM ANFANG

Die Urne mit Lillys Asche steht auf einem Regalbrett in meinem Zimmer. Ich sitze am Schreibtisch beim Fenster, mit JBs Gitarre auf den Knien, und versuche ‚Lady in Blue' zu spielen und dazu zu summen. Irgendwann lege ich ‚The Ham' weg. Das Fenster ist zu. Die Klimaanlage bläst mir kühle Luft in den Nacken. Durch die Scheiben kann ich die Rimrocks in der Ferne leuchten sehen. In diesem Licht, das die Konturen weich macht und beinahe flüssig, sehen die fernen Felsen nicht mehr aus wie der Körper einer liegenden nackten Frau, sondern wie ein leuchtender Strom von Blut zwischen Himmel und Erde. Der Wind, der den ganzen Tag an Winstel herumzerrte, hat sich etwas gelegt, aber der Staub hängt immer noch in der Luft und die Sonne ist ein blasser deformierter Ball dicht über dem Horizont. Ich denke daran, zum Café hinunterzugehen und eine Cola zu trinken. Der Brief, den mir Hanna geschickt hat, liegt ungeöffnet vor mir auf der alten Schreibmaschine, die ich nur noch selten benutze, weil ich jetzt einen Computer habe. Der PC läuft. Macht ein leises Geräusch, das mir manchmal zu laut ist, sodass ich ihn einfach abstelle. Ich mag dieses Gerät nicht, aber ich schreibe damit an meinem Buch, von dem ich nicht weiß, ob ich es jemals zu Ende schreiben werde.

Das Geräusch des Computers erinnert mich an das Geräusch, das die Klimaanlage in dem kleinen Zimmer des Motels in Hattiesburg machte, in dem ich die Nacht verbrachte und nicht schlief, weil ich auf den nächsten Tag wartete.

Die Klimaanlage funktionierte nicht richtig. Ich drehte am Schalter herum, aber es tat sich nichts. Die kühle Luft, die durch die Lüftungsschlitze drang, roch schlecht. Ich schaltete die Klimaanlage aus, aber innerhalb von wenigen Minuten war es so heiß im Zimmer, dass mir der Schweiß aus allen Poren drang. Also schaltete ich die Klimaanlage wieder ein und versuchte zu schlafen. Das war unmöglich. Ich schaltete den Fernseher ein. Auf einem der Kanäle lief ein Film mit Nicole Kidman. Ich mag Nicole Kidman. Wegen ihrer Augen. Ihre Augen erinnern mich an Lillys Augen. Glasklar. Man kann alles darin sehen. Hass, Wut, Enttäuschung, Trauer, Liebe. Alles eben. In diesem Film war sie auf einer Segeljacht, zusammen mit ihrem Mann und einem ziemlich kranken Typ. Am Ende macht sie den Typ mit Leuchtspurgeschossen fertig. Ich schlief mitten drin ein, aber am Ende erwachte ich und sah, wie sie ihn fertigmachte. Nach Mitternacht schrieb ich einen Brief an Hanna, den ich am Morgen die Toilette hinunterspülte. Ich packte mein Zeug zusammen und verließ das Zimmer. Es hatte über Nacht leicht geregnet. Auf dem Parkplatz waren Pfützen, und die Luft war feucht. Ich ging zum nächsten Telefon und wählte die Nummer, die mir Vater zuletzt gegeben hatte. Eine Stimme vom Band sagte mir, dass dieser Anschluss nicht mehr bestehe. Ich rief zu Hause an. Mitch war da und schimpfte, weil es dort erst halb fünf war.

„Sag Mom, dass alles in Ordnung ist“, sagte ich.

„Wo bist du?“

„In Hattiesburg.“

„Wo ist denn das?“

„Mississippi“, sagte ich und hängte den Hörer ein. Hier war es noch nicht einmal halb sechs. Mit meinem Seesack auf der Schulter ging ich ein Stück weit die Straße hinunter bis zum nächsten Doughnut Shop. Dort trank ich eine Cola und aß zwei Doughnuts, einen mit einer Vanillecremefüllung, der andere ein Cream Puff.

Es war acht Uhr, als ich mich auf den Weg zum Forrest County Jail machte. Am Anmeldeschalter saß die Beamtin von gestern. Sie strahlte mich an, als hätte sie mich erwartet.

„Er kommt gleich", sagte sie.

Ich wollte mich auf die Bank setzen, doch da öffnete sich auch schon die Tür und JB betrat die Eingangshalle. Er trug, was er gestern getragen hatte. Bis auf die Krawatte. Aber sein Hemd war bis zum Hals zugeknöpft. Was mir sofort auffiel, war der kleine Koffer in seiner Hand. Er kam auf mich zu und blieb vor mir stehen. Einige Sekunden lang blickten wir uns in die Augen, dann nickte er und sagte: „Komm, Bradley, gehen wir."

Und wir gingen. Ich weiß nicht, warum meine Augen zu brennen anfingen und mir die Tränen kamen, als wir das Forrest County Jail verließen. Schnell wischte ich sie mit dem Handrücken vom Gesicht, und ich glaube nicht, dass JB es bemerkt hatte.

Wir nahmen den Bus nach Hattiesburg. JB wollte zur Bank. Hatte dort das Geld, das er als Hausmeister verdient hatte, auf einem Konto. Wie viel es war, wusste er nicht, aber er hob tausend Dollar ab. Tausend Dollar!

„Wie wollen Sie das Geld, Mr. Swift?", fragte ihn der Bankangestellte.

„In einem Umschlag", sagte JB.

Der Mann lächelte, zählte kleinere und größere Geldscheine ab und blätterte sie, nochmals zählend, vor JB auf den Tresen. JB schien mitzuzählen.

Den größeren Teil davon tat er in einen Umschlag, den ihm der Bankangestellte aushändigte, schob den Umschlag in die Außentasche seines Koffers, und steckte den Rest, Noten von einem, fünf, zehn und zwanzig Dollar in seinen Geldbeutel.

„Wo willst du hin?“, fragte ich ihn, als wir die Bank verlassen hatten. Er blieb auf dem obersten Treppenabsatz stehen und holte erst einmal tief Luft. Es war, als wären wir soeben den langen und steilen Anstieg zu den Twin Buttes hochgekommen und rund um uns herum breitete sich die Welt aus, oder wenigstens das, was so lange meine Welt gewesen war.

Ich weiß nicht, was er in diesem Moment sah, aber ich sah bis zum South Wichita, sah die kleinen Flecken in der flirrenden Hitze, die Winstel waren, die schnurgerade Straße nach Dickens, auf der ich damals in Jesse Walkers Pickup zu Alesha gerast war und wenn ich genau hinschaute, sah ich das Blut auf dem nackten Felsen, wo Santiago Gomez gestorben war.

„Wohin gehen wir?“, fragte ich noch einmal.

„Baton Rouge“, erwiderte er. „Dort hat einmal alles angefangen.“

„Baton Rouge, hier kommen wir“, sagte ich lachend.

„Vielleicht finden wir dort deine Gitarre.“

Wir gingen die Treppe hinunter zur Greyhound-Station, kauften zwei Fahrkarten nach Baton Rouge und warteten auf den nächsten Bus.

Die Fahrt dauerte nicht sehr lange. JB saß am Fenster und starrte hinaus, als gäbe es dort draußen mehr zu sehen als das, was ich sehen konnte. Wälder und Flüsse und Seen, stilles Wasser, das nirgendwohin floss, riesige alte Bäume, von derem weit ausladenden Astwerk Moos herunterhing, Häuser mit Giebeldächern, die meisten weiß gestrichen, Querstraßen, auf denen Autos anhielten, um dem Bus die Vorfahrt zu lassen, Schulen, Spielplätze, Kirchen, Lagerhallen, Fabriken, Tankstellen. Kaum Menschen. Irgendwo zerrte ein kleiner Junge am Halsband eines Hundes herum. Vor einer kleinen Kirche standen dunkel gekleidete Leute und unterhielten sich über einen Toten, der im Sarg die Treppe hinuntergetragen wurde. An einem Bus Stop stand ein Mann, der nicht einstieg. Auf einem anderen stieg einer ein, der einen aufdringlichen Geruch an sich hatte. Ich wusste lange nicht, woher der Geruch stammte, obwohl er mir bekannt war. Dann fiel es mir ein. Gummi. Autoreifengummi. So roch es hinter Jesse Walkers Schuppen, wo die alten Autoreifen lagen.

JB sah das alles. Und er sah mehr. Ich glaube nicht, dass ihm auf dieser Fahrt irgendetwas entgangen ist, nicht einmal eine Kleinigkeit.

Ich hätte ihn gern danach gefragt, weil ich diese Welt gern mit seinen Augen gesehen hätte, aber ich ließ ihn in Ruhe, bis er mir die Frage stellte, auf die ich die ganze Zeit gewartet hatte.

„Bradley, weiß Lilly, dass du mich gefunden hast?"

„Nein, ich habe sie nicht angerufen. Ich habe daran gedacht, sie anzurufen, aber ich glaube, es würde sie zu sehr aus der Ruhe bringen."

„Erzähl mir von ihr", forderte er mich auf.

„Was soll ich dir erzählen, Großvater?"

Es war das erste Mal, dass ich JB Großvater nannte. Er reagierte nicht darauf. Sagte mir nur, dass ich ihm alles erzählen solle, was mir in den Sinn käme. Wie es ihr gehe, dort in diesem Heim mit all den anderen alten Leuten.

Ich erzählte ihm von meinem ersten Besuch, den ich mit Vater gemacht hatte, und von den alten Männern und der Frau, die sich gegenseitig den Kuchen von den Tellern klauten, und ich erzählte ihm vom Foto, das Lilly in ihrem kleinen Zimmer aufgestellt hatte, und von der Bank im Garten, vom Licht der Sonne, in dem sie alles klarer sehen konnte, was einmal gewesen war. JB hörte die ganze Zeit zu, ohne mich ein einziges Mal zu unterbrechen. Irgendwann nickte er ein. Sein Kinn sank ihm auf die Brust und er schien zu dösen, aber jedes Mal, wenn der Bus einen Ruck machte, öffnete er die Augen.

Ich erzählte ihm von meinem letzten Besuch bei Lilly und dass sie wahrscheinlich auf eine Nachricht von mir wartete, und ich hörte auf zu erzählen, als ich das Ortsschild von Baton Rouge vorbeifliegen sah und die Skyline der Stadt im Fenster auftauchte.

Es war Mittag, als wir auf dem großen Parkplatz vor dem Busbahnhof hielten. Wir schickten uns an, den Bus zu verlassen, als einer der anderen Fahrgäste, ein dunkelhäutiger Mann mit ergrautem Haar, JB am Arm zurückhielt.

„Entschuldigen Sie, Mister, aber ich glaube, ich kenne Sie von früher."

„Das glaube ich nicht", sagte JB.

„Dann sind Sie nicht JB Swift, den man damals ‚die Legende' nannte?"

„Nein."

Der Mann entschuldigte sich noch einmal. Später, als wir im Taxi saßen, fragte ich JB, warum er den Mann angelogen hatte.

JB hob die Schultern. Lange sagte er nichts. Dann hörte ich ihn aufatmen und ich wusste, dass er mir jetzt auf meine Frage eine Antwort geben würde.

„Du hast Recht, Bradley. Warum hätte ich es ihm nicht sagen sollen. Ich glaube, ich bin zu lange tot gewesen und muss mich jetzt erst einmal daran gewöhnen, dass ich wieder lebe."

Wir fuhren in die Straße, wo das Restaurant gewesen war, in dem JB Lilly zum ersten Mal gesehen hatte. Das Restaurant existierte nicht mehr. Nur die Hausfassade war noch die gleiche, aber die beiden großen Räume waren jetzt durch eine Mauer getrennt. Im einen Teil befand sich ein Lebensmittelgeschäft, das vor allem koreanische Waren führte, im anderen war ein taiwanesisches Restaurant untergebracht. JB und ich blieben lange vor dem Haus stehen und betrachteten die Fassade, den alten Putz, der an einigen Stellen mit Papierresten beklebt war, die einmal zu bunten Plakaten gehört hatten. Alles, was JB in diesem Moment sah, verglich er wohl mit dem, was ihm in Erinnerung geblieben war, während ich vor meinem geistigen Auge noch einmal sah, was Lilly mir über diesen Ort erzählt hatte.

„Dort drin war die Bar", sagte er und zeigte auf den Lebensmittelladen.

„Komm, wir gehen rein", forderte ich ihn auf. Er zögerte, aber dann folgte er mir. Der Ladenbesitzer war dabei, tote Gänse im Schaufenster aufzuhängen. Als wir eintraten, wischte er seine Hände an einem Tuch ab, ließ das Tuch verschwinden und stellte sich hinter den Ladentisch.

„Womit kann ich Ihnen dienen?", fragte er höflich. Ich sagte ihm, warum wir da waren. Er betrachtete JB, konnte aber mit meiner Geschichte wenig anfangen. Er habe den Laden vor drei Jahren übernommen, erklärte er, aber man habe ihm gesagt, dass der Ladentisch einmal eine Theke gewesen sei, die man niedriger gemacht und mit einer neuen Platte versehen habe. JB schien, während der Koreaner redete, abwesend zu sein. Er stand da und starrte zur Trennwand hinüber, vor der ein Regal mit Büchsen und anderen Behältern aufgebaut war. Und ich war sicher, dass er Lilly in diesem Moment durch die Wand hindurch sehen konnte, Lilly mit ihrem Vater und ihrer Mutter, das Licht auf ihrem blonden Haar, ihr hübsches blasses Gesicht, und wie sie schnell den Kopf senkte, als sie seinen Blick auf sich gerichtet fühlte.

Ich bedankte mich bei dem Koreaner, und wir gingen in das Restaurant nebenan. Der Besitzerin erzählte ich die gleiche Geschichte, die ich schon dem Koreaner erzählt hatte, und sie lächelte, und JB zeigte auf einen runden Tisch, der in der Nähe des Fensters stand.

„Da hat Lilly gesessen“, sagte er. „An diesem Tisch.“

„Eine schöne Erinnerung“, sagte die Besitzerin.

„Ja“, sagte JB. „So schön, dass sie wehtut.“

Keine Ahnung, ob die Besitzerin des Restaurants mit dem etwas anfangen konnte, aber ich glaubte zu verstehen, was JB meinte. Eine Erinnerung konnte so schön sein, dass der Gedanke, nie mehr in die Vergangenheit zurückzukehren, einem beinahe das Herz zerriss.

Dort, wo einmal der Crazy-Legs-Tanzclub gewesen war, stand jetzt ein neues Gebäude aus Beton und Glas, das einer Versicherung gehörte. An der Straßenecke befand sich ein Zeitungsstand. Dort fragte ich den Zeitungsverkäufer, einen Mann mit einem Glasauge, das an mir vorbeistarrte, ob es hier in der Gegend noch irgendjemand gäbe, der sich an den alten Tanzclub erinnern konnte. Der Zeitungsverkäufer verwies uns an einen Schuhputzer mit Namen Pete ‚White Shoes‘ Bowles, der seinen Stand an der Ecke Ninth Street und Choctaw Drive hatte, dort, wo sich ein kleiner Stadtpark befand.

„Ich glaube, Pete war damals, kurz bevor das Haus mit der Tanzbar abbrannte, der Geschäftspartner eines Mannes, der sich Crazy Legs nannte.“

Wir gingen zu Fuß dorthin. Der Schuhputzer mochte ein paar Jahre jünger sein als JB. Sein kurz geschnittener Bart war schwarz-grau gesprenkelt. Er trug weiße Schuhe, eine fadenscheinige Anzughose, ein Hawaiihemd und eine ärmellose Weste. Auf dem Kopf hatte er eine Melone.

Als er uns kommen sah, streifte sein Blick unser Schuhwerk. Während er für meine verstaubten Cowboystiefel nur ein verächtliches Mundwinkelzucken übrig hatte, entlockten ihm JBs braune Schuhe mit den gelochten Oberledernähten ein anerkennendes Kopfnicken.

„Wunderbare Schuhe, der Herr", sagte er. „Sieht man heute immer seltener, solch exquisite Handarbeit. Gestattet mir die Frage, wo sie der Herr gekauft hat. Doch nicht etwa hier in Baton Rouge?"

„Bei Saul T. Lyons an der South Lauderdale Street, schräg gegenüber von Dinos Eisdiele."

„Memphis!", entfuhr es dem Schuhputzer, nachdem er zwei, drei Sekunden nachgedacht hatte. „Zwischen Carters Buchhandlung und der Apotheke. Vor dem Krieg."

„Stimmt." JB streckte seine Hand aus. „Ich bin JB Swift."

„JB ...", dem Schuhputzer fielen fast die Augen aus dem Kopf. Er griff in seine Westentasche, angelte eine kleine Nickelbrille heraus, setzte sie sich auf die Nase, die ziemliche Ähnlichkeit mit einer schrumpelig gewordenen Pflaume hatte, und betrachtete JB, als stände er vor einem berühmten Denkmal. „Ich werd verrückt. Da steht er vor mir, leibhaftig, als wäre er vom Tode auferstanden. Das müsst Ihr mir erklären."

„Mein Enkel hier, Bradley, hat mich in Hattiesburg aus dem Gefängnis geholt", sagte JB nicht ohne Stolz in seiner Stimme.

„Aus dem Gefängnis in Hattiesburg. Warum nur dachte ich, Ihr seid längst fünf Fuß unter der Erde und betrachtet die Gänseblümchen von unten? Eines dieser Wunder muss es sein, die niemand erklären kann. Nehmt Platz, JB Swift, und lasst mich Eure wunderschönen Schuhe auf Hochglanz bringen."

„Ein lendenlahmer Nigger müsste ich sein, mir von einem, der mit Crazy Legs Geschäfte machte, die Schuhe putzen zu lassen", sagte JB verächtlich. Lendenlahm. Ich hatte dieses Wort noch nie im Leben gehört. Nicht in Winstel.

Da nannte man solche Leute Weicheier oder so was. White Shoes wusste aber sofort Bescheid.

„Ich dachte mir, dass es einen besonderen Grund für Eure Visite gibt", antwortete er düster. „Ja, ich war der Partner eines Schurken, den man Crazy Legs nannte, und ich verfluche den Tag, an dem ich ihm begegnete. Das Tanzlokal, in das ich meine ganzen Ersparnisse gesteckt hatte, brannte nieder. Die Versicherung bezahlte den Schaden. Ein kleines Vermögen war es, mit dem dieser betrügerische Schurke durchbrannte, bevor ich ihn an seinem eigenen Schlips hätte aufhängen können, was ich in meiner damaligen Verfassung zweifellos getan hätte. Wenn Ihr also mit mir redet, dann redet Ihr nicht mit einem lendenlahmen Nigger, sondern mit einem Mann, der um die Früchte seiner Arbeit betrogen wurde. Aber ich will nicht jammern. Es gab bessere Zeiten. Man wusste, wer Pete ‚White Shoes' Bowles war. Ich bin in New Orleans aufgetreten und in Memphis und Kansas City."

„Es tut mir leid, aber der Name ist mir kein Begriff."

„Es war nach Eurer Zeit, als ich nach Memphis kam", erklärte White Shoes. „Das bedaure ich sehr. Ich habe in meiner Jugend nichts mehr gewünscht, als einmal einer Eurer Vorstellungen beizuwohnen. Ich war der stolze Besitzer einer Schallplatte von Euch. ‚Bayou Baby'. Ich selbst hatte nie das Glück, eine eigene Schallplatte aufzunehmen, aber ich spielte mit einigen, deren Namen Euch bekannt sein dürften. Zuletzt, kurz bevor ich mich in das Geschäft mit der Tanzhalle einkaufte, spielte ich den Bass sogar für B. B. King. Leider bin ich dann hier in dieser Stadt diesem Schurken auf den Leim gegangen."

„Dieser Schurke hat Euch um Eure Ersparnisse gebracht und mich um vierzig Jahre meines Lebens."

„Ich habe gehört, was damals in Memphis geschehen

ist, hatte jedoch keine Ahnung, dass dieser Schurke, dessen Namen ich nicht mehr aussprechen will, etwas damit zu tun hatte." Mit einer Handbewegung bat er JB noch einmal, auf dem Stuhl Platz zu nehmen, und dieses Mal kam JB der Aufforderung nach.

„Es ist mir eine Ehre", sagte er, stellte seinen kleinen Koffer auf den Gehsteig und kletterte auf den dunkelrot gepolsterten Stuhl, der auf einem Podest montiert war. Vorsichtig zog er seine Hosenbeine etwas hoch, sodass seine weißen Socken, sichtbar wurden. White Shoes holte zwei Bürsten aus seinem Kasten, rieb die Borsten kurz aneinander ab und begann mit Hingabe JBs Schuhe zu putzen.

„Mr. Swift, ich hoffe, Ihr und dieser junge Cowboy, seid nicht in der Annahme nach Baton Rouge gekommen, diesen Betrüger hier zu finden."

„Mein Enkel, Bradley kommt aus Texas", sagte JB, als glaubte er, mich und meine Cowboystiefel in Schutz nehmen zu müssen. „Natürlich würde ich gern erfahren, ob dieser Schurke noch irgendwo zugegen ist, aber wir sind hauptsächlich nach Baton Rouge gekommen, um nach meiner Gitarre zu forschen."

Ich sah meine Chance für gekommen, holte das Foto aus meinem Seesack und hielt es White Shoes vor die Nase. Er betrachtete es durch die Gläser seiner Brille.

„Diese Gitarre hier, die gehört meinem Großvater", sagte ich. „Wir würden gerne wissen, was mit ihr geschehen ist."

„Soviel ich weiß, hing sie nicht mehr an der Wand, als der Tanzclub abbrannte. Ich glaube, diese Gitarre hat der Schurke mit anderen Instrumenten aus seiner zusammengeklauten Sammlung einem Mann namens William Ogden verkauft, kurz bevor er das Feuer legte, was ihm natürlich nie nachgewiesen werden konnte."

„Und wer ist dieser William Ogden?“, fragte ich.

„Er handelt mit alten Waffen und Antiquitäten.“

„Hier in Baton Rouge?“

„Er ist der Besitzer eines Antiquitätengeschäftes nicht weit von hier. Sein Haus, ein herrschaftliches Anwesen aus den Zeiten vor dem Bürgerkrieg, befindet sich jedoch am Bayou Duplantier, im Süden der Stadt.“

„Ich vermute, dass es nicht einfach wäre, Mr. Ogden aufzusuchen und ihn nach meiner Gitarre zu fragen“, sagte JB.

„Mr. Ogden führt ein sehr zurückgezogenes Leben. Sein Anwesen soll von einer Meute gefährlicher Hunde bewacht sein. Sein Sohn Benedict führt die Geschäfte. Hin und wieder seh ich seinen Wagen vorbeifahren.“

„Und wo ist das Antiquitätengeschäft?“

„‚W. J. Ogden & Son‘ befindet sich an der Ecke Gouvernement und Third Street. Das ist Downtown.“

„Und wo sich der Schurke aufhält, das wisst Ihr wohl nicht?“, fragte JB.

„In der Hölle schmort er, nehme ich an, aber manchmal fürchte ich, es könnte ihm gelungen sein, sogar den Leibhaftigen übers Ohr zu hauen. Jede Nacht, bevor ich einschlafe, wünsche ich ihm deshalb zur Sicherheit die Pest an den Hals.“

„Ein Wunsch, dem ich mich gerne anschließe“, sagte JB.

Pete ‚White Shoes‘ Bowles begann nun, JBs Schuhe mit einer wohlriechenden Creme einzuschmieren. Anschließend polierte er sie mit einem weichen Lappen auf Hochglanz.

Als er damit fertig war und JB ihn für seine Arbeit bezahlen wollte, lehnte er mit den Worten ab, dass es ihm eine ganz besondere Ehre gewesen sei, eine Legende des Blues zu bedienen. Er bestand jedoch darauf, dass JB sich in seinem Kundenbuch eintrug, in dem sich bereits hunderte von mehr oder weniger bekannten Persönlichkeiten verewigt hatten. JB schrieb seinen und auch meinen Namen in das Buch. Und darunter schrieb er: „Für Pete ‚White Shoes' Bowles. Eines Tages spielen wir den Blues zusammen, mein Freund."

Es war kein leichter Abschied, aber ich tröstete mich mit dem Gedanken, dass die Widmung, die JB dem Schuhputzer in das Buch geschrieben hatte, vielleicht so etwas wie eine Prophezeiung war und dass wir uns alle irgendwann wiedersehen würden.

20. KAPITEL
JBS GITARRE

Das Antiquitätengeschäft ‚W. J. Ogden & Son' befand sich in einem gelben Gebäude, das aus dem letzten Jahrhundert stammte und zwischen zwei riesigen Glaskästen eingequetscht war. Das linke Gebäude war eine Bank, das rechte ein Buchladen, der wie eine Bank aussah.

Als wäre sie hier für ihn aufgehoben worden, fanden wir JBs Gitarre im Laden von W. J. Ogden.

Sie stand in einer Glasvitrine, beleuchtet von einer kleinen versteckten Lampe. Schon beim Eintreten sahen wir sie beide und ich wollte sofort auf sie zugehen, aber JB blieb zuerst einmal stehen, so, als wagte er sich nicht in die Nähe der alten Gitarre, die er das letzte Mal vor etwa fünfzig Jahren in den Händen gehalten hatte.

Der Laden war eine kleine Halle mit Marmorfußboden und weiß getünchten Wänden. Von der Decke hing an drei schweren, goldenen Ketten ein riesiger Kristalllüster. Wandlampen beleuchteten goldgerahmte Ölgemälde, von denen ich annahm, dass sie von weltberühmten Künstlern gemalt worden waren. Auf Marmorsäulen standen Skulpturen aus Bronze, alte Uhren und Vasen. Unter meinen schief gelatschten Cowboystiefeln, sorgfältig auf dem glänzenden Parkett ausgelegt, befand sich ein Teppich, der wahrscheinlich einmal im Palast eines arabischen Ölscheichs gehangen hatte und aus Seide und Ziegenhaar von Hand gewebt worden war. Ich wollte eben einen Schritt machen und vom Teppich heruntertreten, als zwischen zwei Marmorsäulen eine Tür aufging.

Von irgendwoher erschien ein Mann und betrat fast lautlos den Laden. Er mochte nicht älter sein als fünfundzwanzig, trug einen schwarzen, maßgeschneiderten Anzug und schwarze Schuhe, die beinahe wie JBs glänzten. Der Mann musterte uns kurz und kam offenbar sofort zum Schluss, wir hätten uns verirrt. Dass ich es wagte, mit meinen texanischen ‚Fladenkickern' auf einem seiner teuren Teppiche zu stehen, hinderte ihn daran, uns zu fragen, womit er uns hätte behilflich sein können. Stattdessen sagte er: „Ich nehme an, ihr habt euch in der Tür geirrt, Herrschaften."

Viel arroganter hätte das nicht mehr klingen können. Ich wünschte, ich wäre zuvor draußen in Hundekacke getreten, und blieb auf dem Teppich stehen. Außerdem ließ ich den Seesack von meinen Schultern gleiten und respektlos auf den Teppich plumpsen.

„Wir sind da, wo wir hinwollten", sagte JB dem Mann und stellte seinen alten Koffer auf den Boden, als wäre er endlich am Ziel einer langen Reise angekommen.

„Jemand sagte uns, dass dieser Laden einem Mann namens W. J. Ogden gehört. Ihn wollen wir sprechen."

Der linke Mundwinkel des Mannes zuckte. Vielleicht hätte das ein Lächeln andeuten sollen, aber für so was wie Lächeln war in dem glatten und leichenblassen Gesicht dieses Schnösels, das von einem lächerlich kleinen Schnurrbärtchen geziert wurde, offenbar kein Platz.

Er trat zwei Schritte auf uns zu.

„Mr. William Ogden, der mein Vater ist, befindet sich seit fast einem Jahr im Ruhestand. Mein Name ist Benedict Ogden. Sagen Sie mir, was Sie wollen, und fassen Sie sich bitte kurz. Ich bin beschäftigt."

„Mein Name ist Swift", sagte JB. „Das hier ist mein Enkel Bradley. Er kommt aus Texas und hat mich heute aus dem Forrest County Jail in Hattiesburg herausgeholt."

Der junge Mann wurde noch eine Spur blasser. Keine Ahnung, was in seinem Kopf vorging, aber wahrscheinlich fürchtete er um sein Leben. Die zwei Schritte, die er zuvor auf uns zugekommen war, machte er jetzt rückwärts.

„Mr. Swift, was wollen Sie von mir oder von meinem Vater?“

JB zeigte auf die Gitarre in der Glasvitrine.

„Die gehört mir“, sagte er.

Benedict Ogden öffnete den Mund und vergaß ihn wieder zuzumachen.

Etwas staksig ging er zur Glasvitrine und stellte sich neben ihr auf.

„Bei dieser Gitarre handelt es sich um ein seltenes Meisterstück, eine echte Morrison Bluesgitarre, die vor dem Zweiten Weltkrieg, wahrscheinlich in den Dreißigerjahren, also bevor Cyrus Morrison berühmt wurde und sich sogar Angestellte leisten konnte, von ihm selbst gebaut wurde. Und zwar für einen Linkshänder. Bei diesem Stück handelt es sich sogar um ein besonders wertvolles Exemplar, weil es die Initialen von Cyrus Morrison trägt.“ Ogden holte Luft. „Gestatten Sie mir die Vermutung, dass weder Sie noch ihr jugendlicher Begleiter aus Texas über das nötige Kleingeld verfügen, dieses kleine Kunstwerk zu erstehen.“

„Da haben Sie den Nagel auf den Kopf getroffen“, sagte JB und lachte laut. „Wie viel soll diese Gitarre denn kosten?“

„Ein annehmbarer Preis würde wohl nicht unter zwanzigtausend Dollar liegen. Diese Gitarre ist jedoch nicht zu verkaufen, weil sie zur Sammlung seltener Musikinstrumente meines Vaters gehört. Ich habe sie mir sozusagen als zentrales Stück unserer kleinen Ausstellung ausgeborgt.“

„Zwanzigtausend Dollar“, sagte JB kopfschüttelnd. „Das ist ein stolzer Preis für meinen alten Schinken, der nur von einem Linkshänder gespielt werden kann. Erlauben Sie, dass ich sie einmal in die Hand nehme.“

Ogden blickte JB erstaunt und gleichzeitig etwas mitleidig an.

„Leider geht das nicht, mein Freund. Wie Sie sehen, ist die Vitrine abgeschlossen."

„Dann holen Sie doch den Schlüssel."

„Wie käme ich denn dazu? Ich sagte Ihnen doch bereits, dass es sich bei diesem Musikinstrument um ein Ausstellungsstück handelt." Der Schnösel warf einen Blick auf seine goldene Armbanduhr. „Wenn ihr mich jetzt entschuldigen wollt." Mit diesen Worten ging er zur Eingangstür und öffnete sie, als wollte er frische Luft hereinlassen. Weder JB noch ich machten Anstalten, der stummen Aufforderung, den Laden zu verlassen, nachzukommen.

„Würden Sie jetzt bitte gehen", bequemte sich Benedict Ogden schließlich zu sagen, sichtlich von unserem unverschämten Benehmen irritiert. „Diese Gitarre ist unverkäuflich und ..."

„Ich glaube nicht, dass ich diesen Laden ohne meine Gitarre verlassen werde", fiel ihm JB ins Wort. „Ihr Vater hat sie einem Betrüger, dessen Namen ich nicht aussprechen will, abgekauft. Dieser Betrüger hat sie sich vor vielen Jahren unrechtmäßig angeeignet."

Ogden wollte offenbar nicht glauben, was er da hörte.

„Wenn ihr nicht unverzüglich hier verschwindet, bin ich genötigt, die Polizei zu rufen", drohte er uns.

„Rufen Sie lieber Ihren Vater an und sagen Sie ihm, dass ich gekommen bin, um meine Gitarre abzuholen. Er weiß bestimmt, dass es sich bei ihr um Diebesgut handelt."

Jetzt verlor Ogden die Beherrschung.

Er rief einem Passanten zu, dass in seinem Laden ein Überfall stattfinde und die Polizei alarmiert werden solle. Anstatt nach den Cops zu rufen, beschleunigte der Passant den Schritt und eilte fluchtartig über die Straße.

„Zeig ihm das Foto im Buch", sagte JB zu mir. Ich

bückte mich, um den Seesack aufzumachen, aber Ogden glaubte wohl, ich wollte eine Knarre herausholen. Er drehte durch, rannte nach Hilfe schreiend auf die Straße hinaus und zeigte auf die gläserne Ladentür, die sich automatisch zu schließen begann.

Keine drei Minuten dauerte es, bis die Cops da waren. Drei Streifenwagen. Heulende Sirenen. Blaulicht. Sechs Mann. Die Pistolen gezückt, näherten sich zwei der Ladentür. Durch das Schaufenster sah ich, wie zwei andere hinter einer Betonbank und einem Hydranten in Deckung gingen. Die letzten zwei stoppten den Verkehr und die Passanten.

Die beiden, die auf die Ladentür zu jagten, hielten ihre Pistolen mit beiden Händen. Alles, was sie taten, taten sie wie im Film. Bei der Ladentür drückte sich einer mit dem Rücken gegen das Schaufenstereck. Der andere schob die Tür mit der Schulter auf, sprang herein und begann uns sofort anzuschreien.

JB hatte längst die Hände hochgestreckt und ich hatte es ihm nachgemacht, da er als alter Knastbruder mit solchen Situationen wahrscheinlich seine Erfahrungen gemacht hatte.

„Auf den Bauch, ihr verfluchten Hunde!“, brüllte uns der erste Cop an, während der zweite hinter ihm hereinstürzte und ebenfalls sofort lauthals zu schreien anfing.

„Los! Legt euch lang, ihr Arschlöcher! Ich zähl bis drei, dann seid ihr auf dem Bauch! Eins, zwei ...“

Ich ließ mich auf die Knie nieder und warf mich auf den Bauch.

„Das gilt auch für dich, verdammter Nigger!“, schrien sie JB an, der mehr Mühe hatte, mit erhobenen Händen niederzuknien und sich auf den Bauch zu legen.

Als wir beide nebeneinander dalagen, JB vor Anstrengung keuchend auf dem kalten Marmor, ich auf dem Orientteppich, stürmten die anderen beiden den Laden. Irgendeiner, den ich nicht sehen konnte, trat mir mit dem Schuh in die Seite. Ein anderer brüllte mich an, die Hände auf den Rücken zu legen. Das tat ich. Trotzdem drückte mir einer von ihnen kalten Stahl ins Genick, vermutlich die Mündung seiner Pistole. Die Handschellen klickten und ich wurde gepackt und herumgerissen, sodass ich seitlich auf dem Teppich zu liegen kam.

„Hast du einen Namen, Kid?", bellte mich einer der Cops an.

„Bradley Fletcher", stieß ich hervor obwohl ich mir vorgenommen hatte, den Namen im Beisein JBs nur im äußersten Notfall auszusprechen. „Der alte Mann ist mein Großvater."

„Aufstehen!"

Sie zerrten uns beide auf die Beine. JB blutete aus der Nase. Inzwischen war Benedict Ogden in den Laden gekommen, hochmütig wie einer, der das Siegen gewöhnt war.

„Ich habe diese zwei Galgenvögel gewarnt", erklärte er den Cops. „Der Alte behauptet, dass ihn der Junge aus dem Knast geholt hätte. Aus dem Forrest County Jail in Hattiesburg."

„Hattiesburg?"

Einer der Cops, ein junger Schwarzer, lachte auf.

„War mir doch gleich so, als ob ich dich kenne, alter Mann. Du bist der Hausmeister dort in Hattiesburg, stimmt's? JB Swift heißt du. Früher, da nannte man dich ‚Die Legende'."

„Das bin ich", sagte JB. „Und der junge Mann hier ist mein Enkel Bradley. Aus Texas. Wir sind hierhergekommen, um meine Gitarre abzuholen."

„Deine Gitarre?", fragte der Cop.

Ogden zeigte zur Glasvitrine hinüber.

„Diese Gitarre dort soll ihm einmal gehört haben."

Die Cops vergaßen für einen Moment, dass sie uns gefangen genommen hatten. Sie betrachteten die Gitarre.

„Eine uralte Morrison Bluesgitarre", erklärte ihnen Ogden. „Wahrscheinlich von Cyrus Morrison selbst gebaut. Sie gehört zur Sammlung meines Vaters."

„Den wollten wir sprechen", sagte ich schnell. „Und falls man uns nicht glaubt, in meinem Seesack befindet sich ein Foto dieser Gitarre."

„Wenn ich mich recht erinnere, dann hast du die letzten fünfzig Jahre oder so im Knast verbracht", sagte der Cop, der JB kannte. „Ich weiß nicht, wie du darauf kommst, diese alte Gitarre könnte heute noch dein Eigentum sein, wenn sie zur Sammlung von Mr. Ogden gehört."

„Mr. Ogden hat sie vor einigen Jahren einem Betrüger abgekauft."

„Wem denn?", fragte der Schnösel höhnisch. „Er will den Namen nicht nennen."

„Crazy Legs", schnappte ich. „Ihm gehörte hier in Baton Rouge ein Tanzclub, der vor einigen Jahren abgebrannt ist. Pete Bowles, der Schuhputzer hat uns gesagt, es könnte gut sein, dass dieser Betrüger die Versicherung betrogen hat, indem er diese Gitarre auf die Verlustliste setzte."

„White Shoes Bowles?", fragte einer der anderen Cops. „War der nicht der Partner ..."

„Auch er wurde betrogen, und zwar um seine ganzen Ersparnisse", fiel ich dem Cop ins Wort. „Wir sind hierhergekommen, um mit Mr. William J. Ogden über diese Gitarre zu verhandeln, und das wollen wir immer noch tun. Deshalb wäre es angebracht, wenn uns jemand diese Handschellen abnehmen würde."

„In den Knast gehört ihr beide!", schnappte Ogden, aber

einer der Cops erklärte ihm, dass keine gesetzliche Handhabe bestand, uns in Gewahrsam zu nehmen. „Im Gegenteil, Mr. Ogden, es werden schwere Vorwürfe gegen Sie und Ihren Vater erhoben. Sie kennen ja sicher unsere Gesetze. Wer Diebesgut ..."

„Eine lächerliche Anschuldigung!", brüllte Ogden los. „Wo kämen wir denn hin, wenn wir auf das Geschwätz jedes dahergelaufenen Strolches ..."

„Mr. Ogden", unterbrach ihn einer der Cops, „vielleicht wollen Sie sich doch bei Ihrem Vater über die Herkunft dieser Gitarre informieren."

„Dann lassen Sie mich kurz mit ihm reden. Ich bin sicher, dass er einwandfrei belegen kann, woher diese Gitarre stammt."

Die Cops ließen ihn im Büro verschwinden. Da er die Tür aufgelassen hatten, konnten wir ihn alle hören, außer JB vielleicht, dessen Gehör nicht mehr das beste war.

Ogden verwählte sich. Wir hörten ihn fluchen und noch einmal wählen. Dann hatte er seinen Vater an der Strippe, den er nicht Vater nannte, sondern Sir.

„Es gibt Probleme, Sir. Ein alter Mann und ein junger Kerl aus Texas sind im Laden und behaupten, bei der Cyrus-Morrison-Gitarre in der Vitrine handle es sich um Diebesgut."

Stille. Und dann: „Wie der Alte heißt? Swift oder so. JB Swift. Die Gitarre soll vor mehr als fünfzig Jahren ihm ..."

Er brach mitten im Satz ab.

„Ihr kommt her, Sir? Jetzt? Okay, Sir, ich werde ..."

Der Schnösel verschluckte den Rest. Die Cops wechselten ein paar Blicke. Es dauerte fast eine halbe Minute, bis Ogden wieder auftauchte, jetzt mit ein paar rötlichen Flecken im Gesicht und mit dem Ausdruck eines Gejagten in den Augen.

„Ich glaube, man könnte ihnen die Handschellen jetzt abnehmen. Mein Vater befindet sich auf dem Weg hierher."

Als die Cops uns die Handschellen abgenommen hatten, ging Ogden noch einmal ins Büro und kam mit dem Schlüssel zur Vitrine zurück und mit einem Papiertaschentuch, das er JB reichte, damit sich dieser das Blut von der Nase wischen konnte.

JB bedankte sich, setzte er sich auf einen der antiken Stühle und wartete. Über ihm an der Wand hingen zwei antike Knarren aus der Zeit des amerikanischen Bürgerkrieges.

21. KAPITEL
LAUGH, CLOWN, LAUGH

Die Gitarre gehört mir. JB schenkte sie mir, bevor er starb. Manchmal, wenn ich mit meinem Buch nicht vorankomme, nehme ich sie zur Hand. Ich bin kein guter Spieler, aber diese Gitarre wird in meinen Händen lebendig. So, als hätte mir JB mit ihr auch eine besondere Gabe hinterlassen, die ihm wiederum von unseren Vorvätern vererbt worden war. Manchmal spiele ich stundenlang auf ihr herum, klimpere Melodien, die ich noch nie zuvor gehört habe und solche, zu denen JB bis zu seinem Tode mit seiner rauen Stimme gesungen hat, nur für Lilly.

Ich kenne keinen Bluesmusiker, der mit Worten und Melodien umgehen konnte wie JB. Albert King vielleicht und Sleepy John Estes. Ich habe längst ihre Platten in meiner Sammlung, uralte Vinylscheiben von Frank Stokes und Noah Lewis. Gus Cannon und Will Batts und Memphis Minnie. Ich kenne sie alle. Und ich mag auch Steve Ray Vaughn, obwohl er einer der neuen Generation war und ein Weißer aus Texas. Schade, dass er auf der Höhe seiner Karriere mit dem Hubschrauber abstürzte. Vor ein paar Tagen habe ich mir im Winstel General Store die neue CD ‚Lie to Me' von Johnny Lang gekauft. Ich bin sicher, wenn JB noch lebte, er würde von diesem Jungen sagen, dass er den Blues im Blut hat wie kein anderer. Mal sehen, was aus ihm wird.

Dass ich überhaupt im Besitz von JBs Gitarre bin, habe ich Mr. William J. Ogden zu verdanken. Er hätte sie uns damals nicht zu geben brauchen. Das sagten die Cops. JB konnte nämlich keinen Anspruch auf die Gitarre erheben. Es nützte auch nichts, dass im Holz der Gitarre sorgfältig die zwei Buchstaben JB eingeritzt waren. Das Meisterinstrument von Cyrus Morrison war damals, nachdem JB Swift zu lebenslanger Haft verurteilt worden war, öffentlich versteigert worden. Leider waren von dieser Versteigerung, die 1937 stattgefunden hatte, keine Unterlagen mehr da und niemand wusste, wer als erster in den Besitz der Gitarre gekommen war. Mr. William J. Ogden war also der rechtmäßige Besitzer der Gitarre, die er wenige Monate bevor das Tanzlokal in Baton Rouge abgebrannt war, von Bukka ‚Crazy Legs' Harris gekauft hatte.

Ich habe Mr. Ogden seither nie mehr gesehen und weiß nicht, ob er noch am Leben ist. Obwohl klein von Statur, machte er auf mich einen großen Eindruck, als er das Antiquitätengeschäft betrat, in dem wir auf ihn warteten. Er war einfach gekleidet. Eine helle Leinenhose umflatterte seine Beine. An den Füßen trug er Sandalen und das Hemd hing ihm lose über die Hose herunter. Nichts an ihm hätte ihn als einen der reichsten Männer von Baton Rouge verraten können, aber ich glaube, dieser Mann war wirklich imstande, Berge zu versetzen.

„JB Swift", sagte er nur, als er hereinkam, und dabei strahlte er wie ein Kind über das ganze Gesicht. Die Hand ausgestreckt, ging er auf JB zu, der immer noch auf einem der antiken Stühle saß, die alte Cyrus- Morrison-Gitarre auf den Knien, die beiden Gewehre über seinem Kopf.

JB erhob sich vom Stuhl. Sie gaben sich die Hand.

„Ich habe Sie in Memphis gesehen", sagte Mr. Ogden. „Sie sind zusammen mit Ray Hart aufgetreten und mit Willie Boy Taylor. Ich glaube, Sie kamen damals aus Chicago zurück, wo Sie Ihre erste Schallplatte aufgenommen haben. Und später bin ich nach Kansas City gefahren, um Sie zu sehen. Dann sah ich Sie noch einmal. Im Royal Blue. Das war wenige Wochen bevor das Unglück geschah. Sie wissen gar nicht, was es mir bedeutet, Ihnen die Hand zu drücken."

„Ich machte meine Musik damals für die Farbigen, Mr. Ogden", sagte JB zögernd. „Ganz selten kamen Weiße in das Royal Blue."

„Ich war einer der wenigen", erwiderte Mr. Ogden und lachte. „Wie sagte man damals? Eine Nacht in der Beale Street und ein Weißer will nie mehr ein Weißer sein. Auf mich traf das zu. Ich mochte die Musik. Sie erfüllte mich mit Leben und ich wollte leben, glauben Sie mir. So kam es, dass ich auch an jenem Abend da war, als Sie ihr Lied ‚Lady in Blue' sangen. Zu Ehren einer atemberaubenden jungen Dame. Ich saß an einem der Tische, zusammen mit einem Mädchen, das ich später heiratete. Das Mädchen hieß Mary Jane und studierte an der Universität von Memphis, zusammen mit ihrer Freundin Sue und jener jungen Dame, die man nach diesem Abend, als sie zum ersten Mal in das Royal Blue kam, nur noch JBs Girl nannte."

Ich sah JB von der Seite ins Gesicht und obwohl es ihm sonst niemand angesehen hätte, bemerkte ich, dass er innerlich sehr aufgewühlt war. Ich kannte ihn erst seit gestern und natürlich vermochte ich nicht zu erkennen, was in diesem Moment wirklich in ihm vorging, aber ich glaube, die Erinnerung an jenen Abend im Royal Blue Club weckte eine Sehnsucht in ihm, die so tief in seinem Innersten begraben gewesen war, dass er sie über fünfzig Jahre lang nicht mehr gespürt hatte.

„Lilly", sagte er leise und trotzdem so, dass ihn jeder im Raum verstehen konnte. „Sie hieß Lilly."

„Ja, ich weiß. Mary Jane erzählte mir hin und wieder von ihr. Wissen Sie, wir haben versucht, Lilly unter die Arme zu greifen, nachdem das Urteil gefällt war, aber sie hat jede Hilfe abgelehnt. Ich war damals ein junger Anwalt ohne Geld und Einfluss, sonst hätte ich versucht, dieses schändliche Urteil anzufechten. Aber dann kam der Krieg. Und später, nach der Gefangenenrevolte in Leavenworth, ging das leider nicht mehr." Mr. Ogden ließ JBs Hand endlich los und wandte sich mir zu. „Ich nehme an, du bist sein Enkel und deine Großmutter ist jene wundervolle Dame im Royal Blue, die mein Herz höher schlagen ließ, obwohl ich erkannte, dass ihres nur für einen Mann schlug, für JB Swift."

Er reichte mir seine Hand.

„Ich bin Bradley", sagte ich.

„Einen Sohn wünschte ich mir von Mary Jane, mein Junge. Einen Sohn wie dich. Es sollte nicht sein. Mary Jane starb, als sie fünfunddreißig Jahre alt war, an einem heimtückischen Krebsleiden. Ich habe noch einmal geheiratet. Aus dieser Ehe ist Benedict entstanden." Er drehte sich seinem Sohn zu. „Benedict, diese Gitarre habe ich für einen Mann aufgehoben, von dem ich nicht wusste, dass er eines Tages zurückkehren würde. Ich habe es jedoch die ganze Zeit gehofft."

„Warum habt Ihr mir nie etwas gesagt, Sir?", fragte der junge Ogden. „Ich wusste nur, dass es sich bei dieser Gitarre um ein unverkäufliches Objekt handelt."

„Mehr brauchtest du auch nicht zu wissen, Benedict, mein Sohn."

Mr. Ogden lächelte, aber ich glaube nicht, dass er seinem Sohn gegenüber so etwas wie warme Gefühle empfand, und für einen Moment tat mir der Schnösel sogar Leid. Mr. Ogden entließ die beiden Cops und lud uns ein, bei ihm zu wohnen. Ich glaube, er war ein ziemlich einsamer Mann, obwohl er verheiratet war und einen Sohn hatte. Und jede Menge von Rottweilern, die sein Anwesen bewachten.

Ich hatte in meinem Leben noch nie ein solches Haus

gesehen wie das von Mr. Ogden, geschweige denn, eine Nacht in einem verbracht. Die Häuser in Winstel sind alle klein, bis auf das von Hannas Eltern, aber im Verhältnis zum Herrschaftshaus von William J. Ogden war die Villa der Ledbetters ein Klacks. Das Haus war gebaut worden, als das ganze Gebiet um den Bayou Duplantier noch eine riesige Plantage gewesen war. Wie ein Palast aus der Zeit der alten Griechen stand es mitten in einer Parkanlage im Schatten der mächtigsten Bäume, die ich je gesehen hatte. Acht Säulen, die aus Backstein gebaut, verputzt und mit einer Marmorbemalung versehen worden waren, trugen das Dach der Veranda. Das Haupthaus war zwei Stockwerke hoch und hatte zwei einstöckige Flügel. Eine Treppe führte zum Vorbau hinauf, auf dem ein kleiner Tisch und zwei Korbstühle standen.

Mrs. Ogden, die Mutter von Benedict, war eine zierliche Frau, etwa zwanzig oder dreißig Jahre jünger als Mister Ogden. Sie wirkte äußerst distanziert und schien keine Lust und auch keine Zeit zu haben, sich um uns zu bemühen. Als ihr Mr. Ogden vorschlug, gemeinsam mit uns die Sammlung der Musikinstrumente im Westflügel anzusehen, sagte sie, dass sie leider eine Verabredung hätte, die sich nicht verschieben ließe. Dann war sie auch schon wieder verschwunden und ich kriegte sie während der nächsten Stunden nicht mehr zu Gesicht.

Bei Mr. Ogdens Sammlung handelte es sich um Instrumente amerikanischer Instrumentenbauer und Musiker. Er besaß sogar eine Gitarre, die der berühmteste aller Country Musiker, Hank Williams, damals dabeihatte, als er auf dem Weg zu einem Konzert auf dem Rücksitz seiner Limousine starb. Ein Sammlerstück von ganz besonderem Wert war die Violine, die der legendäre Powers Thornton benutzt hatte. Die Sammlung enthielt verschiedene Instrumente der Bynum and Jim Turner Band, einer der ersten Bands, die an der Beale Street den Blues gespielt hatte, und selbstgefertigte Instrumente der Cajuns im Deltagebiet des Mississippi.

Fast den ganzen Tag lang redeten JB und Mr. Ogden über die Zeit damals und über die Geschichte des Blues, von der ich inzwischen auch schon eine ganze Menge wusste. Trotzdem schwieg ich, ließ mich in der nostalgischen Stimmung der beiden davontragen, bis zurück in die Zeit, als sie auf die Welt gekommen waren.

Ins Jahr 1913, als ‚Dark Town Follies' aufgeführt wurde, ein Stück, das von J. Lubrie Hill geschrieben worden war.

Im Jahr 1927 war Little Charlie Holmes mit ‚Laugh, Clown, Laugh' die Hauptattraktion in der Robert Henry Band, und dann der berühmte W. C. Handy der sozusagen zum ‚Vater der Beale Street' ernannt wurde. Sie alle spielten im berühmten Pee Wee Saloon und später, in den Vierziger- und Fünfzigerjahren traten B. B. King und Albert King und die anderen großen Männer des Blues in Memphis auf, in der Beale Street und auf dem Chitlin Circuit, einer Anzahl von in den Südstaaten verstreuten Blues-Kneipen, in denen dann der alte Blues von Leuten wie Little Richard oder Mr. Bo Diddley allmählich zum Rock 'n' Roll wurde.

Sogar über Jimi Hendrix, den ich selbst für einen der besten Gitarristen aller Zeiten halte, sprachen sie, denn auch er hatte auf solchen Blues-Kneipen-Tours als Backup für bekannte Bands seine Virtuosität an der Gitarre verfeinert, bis er seine Fender Stratocaster sogar mit den Zähnen zu spielen konnte.

Ja, die beiden schwelgten in ihren Erinnerungen, aber als Mr. Ogden ihn dann aufforderte, auf seiner Gitarre ein Stück zu spielen, weigerte sich JB.

„Ich werde sie zum ersten Mal für Lilly spielen“, sagte er.

Mr. Ogden hatte Verständnis dafür und mein Herz zersprang schier, weil ich nun absolut sicher war, dass er mit mir nach Memphis zurückkehren würde.

Am Abend, als die Sonne blutrot durch die mächtigen Kronen der Bäume schien und das Spanische Moos zum Glühen brachte, legte Mr. Ogden eine alte RCA-Scheibe auf den Teller eines Grammofons. Ich schaute bewundernd zu, wie sich das Ding drehte und sich die Nadel in die Rillen hineinfraß. Kratzende Geräusche ertönten, bevor es dann plötzlich losging, mit einer Stimme, die ich noch nie im Leben singen gehört hatte und trotzdem sofort erkannte. JB Swift war es, der, begleitet von einem kleinen Orchester, ‚Lady in Blue' zum Besten gab. Es war eine unglaublich feierliche Stimmung, mit dem Sonnenuntergang und dem Blues, den JB damals im Royal Blue zum ersten Mal öffentlich gesungen hatte, und zwar für Lilly und nur für sie allein.

Später, beim Abendessen, an dem Mrs. Ogden auch teilnahm, redeten wir über die Musik von heute und über den Blues, und natürlich fragte Mrs. Ogden, was denn damals in der Beale Street passiert sei, aber JB sagte nur, dass er sich nicht mehr an diese Dinge erinnern wolle.

Ich fragte mich, ob er wirklich dabei war, mit der Vergangenheit abzuschließen, weil er endlich eine Zukunft hatte.

Nach dem Abendessen saßen wir eine Weile draußen auf der Veranda, und jemand ließ die Hunde aus dem Gehege und sie kamen alle zu uns und ließen sich von uns streicheln.

„Lasst euch nicht täuschen“, warnte uns Mr. Ogden. „Sie sind nicht so harmlos, wie sie sich geben.“

Die Nacht verbrachten JB und ich in zwei Zimmern im Ostflügel, die beide mindestens dreimal so hoch waren wie mein Zimmer hier in Winstel. Gipsstuckatur an der Decke und an den Wänden. Ein Ölgemälde, das eine Meeresbucht zeigte und ein anderes, auf dem ein Mann in der Uniform eines Majors der Südstaatenarmee abgebildet war. Obwohl die Wände dieses Hauses ziemlich dick schienen, konnte ich nicht einschlafen, weil JB zuerst auf seiner Gitarre herumklimperte, ganz leise und vorsichtig, wie mir schien, und trotzdem vernahm ich jeden Ton, den sie von sich gab, weil ich mein Ohr an die Wand drückte und manchmal sogar den Atem anhielt, damit mir nicht ein Laut entgehen konnte. Dann wurde es still. Wenigstens für ein paar Minuten, bis JB unheimlich laut zu schnarchen anfing.

Jetzt konnte ich nicht mehr einschlafen. Ich dachte an Lilly. Sie schlief leise. Einige Male war sie einfach eingeschlafen, als ich in ihrem Zimmer saß und mit ihr ein Kartenspiel spielte, das sie ‚Bolivia' nannte. Es kam nicht darauf an, ob sie am Gewinnen oder am Verlieren war. Irgendwann legte sie sich in ihren Kissen zurück, seufzte und schlief ein. Ich blieb bei ihr und schaute zu, wie sich im Schlaf ihr Gesicht glättete, und ich wünschte mir jedes Mal, ihr in diesem Moment im Traum zu begegnen. Sie musste sehr schön gewesen sein und voller Lebensfreude. Wie hatte Mr. Ogden sie damals gesehen, als sie zum ersten Mal in das Royal Blue kam? Atemberaubend, so hatte er sie genannt.

Ob sie überhaupt noch zusammenpassten, JB und Lilly? All die Jahre hatten sie ihr eigenes Leben gelebt, und das Zusammensein war nur ein wunderbarer Traum gewesen. Füreinander geschaffen, das waren sie früher, aber jetzt hatten beide ihre Eigenarten und ihre Ängste. Ich hatte keine Ahnung, was in Memphis passieren würde, wenn sie sich noch einmal begegneten. Das dritte Mal. Würde es das letzte Mal sein? Würden sie den Rest ihres Lebens nun gemeinsam verbringen, oder lauerten in dieser Begegnung neue Gefahren, die ihre Liebe zerstören konnten?

Mit solchen Gedanken beschäftigte sich mein Kopf und es gelang mir lange nicht, sie abzuschalten.

Irgendwann schlief ich doch ein und ich schlief so tief, dass ich am nächsten Morgen eine Weile brauchte, um mich zurechtzufinden.

Wir verließen das Haus der Ogdens nach einem ausgiebigen Cajun-Frühstück. Ein Chauffeur fuhr uns mit einer Limousine hinunter zur Greyhound Station, wo den Leuten beinahe die Augen aus dem Kopf fielen, als wir ausstiegen und zum Schalter gingen und zwei Fahrkarten nach Memphis lösten.

Jetzt rief ich Lilly an, aber Rhonda sagte mir, dass Lilly heute beim Frisör war und erst gegen Mittag zurück sein würde.

„Sie war nicht da", erklärte ich JB. „Sie ist beim Frisör."

„Beim Frisör?"

„Ja. Sie macht sich schön für dich."

„Dann müsste sie wissen, dass wir kommen, Bradley."

Ich nickte. „Sie weiß es."

22. KAPITEL
DAS WUNDER DER LIEBE

Es war eine unendlich lange Fahrt von Baton Rouge nach Memphis. Unendlich lange, weil ich es kaum erwarten konnte, Lilly wiederzusehen. Irgendwann am Nachmittag sollten wir in Memphis ankommen. Den ganzen Morgen hindurch fuhren wir auf der Ostseite des Mississippi nordwärts durch das Bayouland mit seinen ausgedehnten Wäldern und Wiesen, mit den alten Plantagen und den kleinen Ortschaften, in denen es mehr Schwarze als Weiße gab. Die Straße führte zuerst nach Natchez, danach ein Stück den Natchez Trace entlang und weiter nach Norden, selten so nahe am Mississippi, dass man ihn sehen konnte. Trotzdem war er da, dieser gewaltige Strom, den JB ‚den alten Mann' nannte und den ich kannte, als wäre ich damals dabei gewesen auf dem Floß von Tom Sawyer und Huckleberry Finn, als hätte ich mit ihnen die Abenteuer erlebt, von denen ich nur gelesen habe, als ich in einer Kiste auf dem Dachboden unseres Hauses in Winstel die Bücher von Mark Twain entdeckte.

Meinem Vater hatten sie gehört, als er ein Junge gewesen war, und sie mussten ihm sehr viel bedeutet haben, denn es gab sonst nicht viel, was er aus seiner Jugendzeit aufgehoben hatte.

Ich dachte an Vater, während wir nach Norden fuhren, fragte mich, wo er jetzt war, in diesem Moment, irgendwo in seinem Laster unterwegs oder bei irgendeiner Frau im Bett, irgendwo in Montana oder in Idaho oder vielleicht wieder mal in Kalifornien.

Er fand keine Ruhe, keinen Platz auf dieser Welt, wo er lange bleiben wollte. Ich wusste nicht einmal, ob er danach suchte oder ob er einer von denen war, die keine Ziele hatten. Männer, die immerfort gehen und nie irgendwo ankommen.

„Einmal wird er zur Ruhe kommen", sagte uns Mutter, wenn wir wieder mal über ihn redeten. „Es kann nicht ewig so weitergehen mit ihm. Bei manchen dauert es eben etwas länger, bis sie zur Ruhe kommen."

Ich wünschte mir, er wäre schon so weit. Ich wünschte mir, ich hätte ihn irgendwo anrufen können, hätte eine Adresse gewusst, an die ich ihm einen Brief hätte schreiben können. In meinem Notizblock gab es über zehn Telefonnummern, die ich durchgestrichen hatte, über zehn Adressen, an denen er nicht mehr anzutreffen war, über zehn Frauennamen, die ich bereits wieder vergessen hatte. Meine Mutter hatte er ‚Dove' genannt. Das bedeutet Taube. Little Dove, wenn er gut drauf war. Mich hatte er eine Zeit lang ‚Champ' genannt. Ich hasste das und er merkte es und nannte mich fortan ‚Brad'. Und Mitch nannte er ‚Mitchie', und Mitchie hasste es, und er merkte es nicht.

Ich mag meinen Vater. Ich versuche ihn so zu mögen, wie er ist. Manchmal ist das einfach. Wenn ich ihn an der Strippe habe, zum Beispiel. Dann ist er für mich da. So, als wäre alles in Ordnung. Als wäre er der glücklichste Mensch auf dieser Welt, glücklich, nirgendwo angebunden zu sein. Aber schon damals wusste ich, dass er manchmal auch traurig war, weil es keine Hoffnung für ihn gab. Wenn er einmal zu müde wurde um weiterzugehen, blieb ihm nichts anderes übrig, als trotzdem weiterzugehen.

„Irgendwann kommt er zur Ruhe", sagte Mutter immer. Und wenn sie auch mal gut drauf war, sagte sie: „Vielleicht befindet er sich nur auf einem Rundkurs, und wenn er das nächste Mal nach Hause kommt, bleibt er."

Keine Ahnung, ob sie das nur sagte, weil sie wusste, wie sehr Mitch und ich uns das wünschten, oder ob sie es selbst auch ein bisschen hoffte.

Vor uns lag Vicksburg. Einige Meilen vor der Stadt näherte sich der Highway 61 dem Fluss. Ich konnte in der Ferne die Stadt sehen, etwas erhöht auf einem niedrigen Hügelrücken. Um diese Stadt hatten die Armeen des Südens und des Nordens gegen Ende des Bürgerkrieges wochenlang gekämpft. Der Boden dort draußen war mit dem Blut tausender Soldaten getränkt. Auf den Feldern, auf denen sie gefallen waren, wuchs Mais.

Wir starrten beide hinaus und ich weiß nicht, woran JB dachte, aber ich dachte an den Geschichtsunterricht und an Hanna, die mit Geschichte nichts anfangen konnte. Ich nahm mir vor, Hanna von Memphis aus anzurufen und ihr zu sagen, dass ich JB gefunden hatte und demnächst nach Winstel zurückkehren würde.

„Woran denkst du, Bradley?“, fragte mich JB, als wir Vicksburg hinter uns hatten.

Ich erzählte ihm von Hanna. Nicht alles natürlich. Aber ich erzählte ihm von jenem Tag, als wir im Geschichtsunterricht die Schlacht um Vicksburg behandelten und Hanna mir auf einem kleinen Zettel einen Brief schrieb anstatt aufzupassen. Und wie sie dabei erwischt wurde und Mr. Blanchard, unser Englisch und Geschichtslehrer, von ihr verlangte, den Brief vorzulesen. Hanna weigerte sich standhaft, und als ihr Mr. Blanchard den Zettel wegnehmen wollte, stopfte sie ihn sich schnell in den Mund und schluckte ihn runter. Die ganze Klasse sah es und alle warteten auf eine Reaktion von Mr. Blanchard, doch der war nicht auf den Kopf gefallen und sagte mit beißendem Spott: „Ich wusste nicht, dass du dich von Papier ernährst, Hanna. Aber bitte, wenn es dir schmeckt.“

Die ganze Klasse brach in schallendes Gelächter aus und Hanna wurde knallrot und hätte sich am liebsten irgendwo verkrochen. Irgendjemand, ich glaube, es war mein Freund Wayne, warf ihr ein Tütchen Ketchup von McDonald's zu und Mildred Meigs holte von irgendwoher eine Dose Seven Up und reichte sie Hanna.

Später, als wir unten am Brewster-Teich den Wolken zusahen, die über uns am Himmel dahinflogen und dem Konzert der Ochsenfrösche zuhörten, fragte ich sie, was in dem Brief gestanden habe, aber Hanna sagte nur, dass es ein Gedicht gewesen sei und sonst gar nichts.

Ein Gedicht. In jener Zeit, als sie etwa sechzehn war, schrieb Hanna die verrücktesten Gedichte.

Einige sind mir bis heute in Erinnerung geblieben:

'Wie Wind im Gras die Gedanken fließen
In eine Richtung, fort von mir
Ich stehe da, die Halme fühlend
Und weiß nicht, wo ich bin.'

Keine Ahnung, was das bedeutet und warum ihr solche Gedanken kamen. Klingt alles ziemlich düster.

'Nacht hüllt mich ein
Nicht mich allein
Sehen wollte ich
Was ich nicht sehen kann
Den Morgen wünsche ich herbei
Damit ich dich erkenne …
Mein Geliebter.'

Hanna hat eine ganze Sammlung solcher Gedichte, sie waren irgendwo im Haus ihrer Eltern versteckt, in einem Tagebuch oder so. Ich glaube, ich bin der Einzige, dem sie hin und wieder eines vorlas.

Am Mittag erreichten wir Leland. Noch knapp drei Stunden bis Memphis. JB schlief. Ich hatte gar nicht gemerkt, dass er eingeschlafen war. Er schlief und ich wünschte mir nur, dass er nicht zu schnarchen anfing. Aber es dauerte nicht lange, bis er es doch tat. Einer der Passagiere, der auf der anderen Seite des Mittelganges saß, blickte von seiner Zeitschrift auf. Sagte aber nichts. Erst als das Schnarchen lauter wurde, wurde er ausfällig: „Kid, drück dem Opa mal die Nase zu. Das hilft bestimmt."

„Er schläft", sagte ich.

„Er stört uns", sagte der Mann.

„Uns nicht", sagte die Frau, die ihm gegenübersaß und ein Kind neben sich hatte. Sie waren alle drei Schwarze, gehörten aber nicht zusammen. „Alte Leute schnarchen eben. Mein Mann hat nie geschnarcht, als er jung war. Und heute schnarcht er, dass sich die Deckenbalken biegen."

„Mich stört das", sagte der Mann, den die Geschichte der Frau nicht interessierte. „Ich will in Ruhe lesen."

Ich weckte JB. Er blickte sich ganz verwirrt um, weil ich ihn aus dem Tiefschlaf gerissen hatte.

„Du schnarchst, Großvater", sagte ich.

Er richtete sich auf und blickte aus dem Fenster.

„Wo sind wir?"

„Hinter Leland."

„Die nächste Station ist Shaw", erklärte die Frau. „Wir sind in Shaw zu Hause."

Niemand sagte etwas. Die Frau lachte. „Ich weiß, in Shaw wohnt niemand", sagte sie. „Shaw ist ein trostloses Nest."

Das konnte ich von Winstel auch behaupten und ich wollte auf keinen Fall mein ganzes Leben dort verbringen.

Jetzt bin ich immer noch da und schreibe an diesem Buch, von dem ich nicht weiß, wer es überhaupt jemals lesen soll. Manchmal denke ich, solche Geschichten will heutzutage niemand mehr lesen. Es muss immer ganz gehörig knallen und Autos müssen zu Schrott gefahren werden. Dieses Buch ist vielleicht eine Liebesgeschichte. Und es erzählt auch mein Leben und alles, was passiert ist.

Als wir im Greyhound nach Memphis unterwegs waren, wusste ich nicht, ob Crazy Legs noch am Leben war. In meinen Gedanken tauchte er immer wieder auf. Wie ein lästiger Geist, der einen nie zur Ruhe kommen lässt. Bei mir ist das schwierig, weil ich nicht an Geister glaube, aber manchmal glaube ich, dass Crazy Legs es auf mich abgesehen hat, weil ich JB und Lilly wieder zusammenbrachte.

Erst vor kurzem habe ich erfahren, dass auch Crazy Legs tot ist. Ich bekam einen Brief von Sara Carter aus Memphis. Mit zittriger Hand schrieb sie, dass man Crazy Legs in einer dunklen Seitenstraße von New Orleans in einem Abfallcontainer fand. Jemand hatte ihm mit einem Stück einer Dachlatte den Schädel eingeschlagen und ihm die Schuhe von den Füßen gestohlen. Er war barfuß, als man ihn fand. Hatte siebzehn Cents in der Tasche seines löchrigen Trenchcoats, eine leere Flasche Budweiser und eine alte Eintrittskarte zu seinem Tanzclub. Außerdem, und das soll mir mal einer erklären, hatte er einen Zettel bei sich mit meinem Namen drauf und meiner Adresse in Winstel. Vermutlich war er es gewesen, der mir diesen Zeitungsbericht über die Entlassung von JB aus dem Gefängnis geschickt hatte. Warum er das tat? Keine Ahnung. Vielleicht wollte er irgendetwas loswerden. Etwas, was er seit dem Tag, an dem JB zu lebenslänglicher Haft verurteilt wurde, mit sich herumtrug. Woher er meine Adresse hatte, weiß ich auch nicht, aber es beunruhigt mich auf eine geheimnisvolle Weise, wenn ich an ihn denke.

Auch die anderen sind alle wieder nahe, während ich an diesem Buch schreibe, auch Sara Carter und der Straßenkehrer in der Beale Street, die Cops in Hattiesburg, Mr. Ogden und sein Schnösel, Pete ‚White Shoes' Bowles, der Schuhputzer, die Besitzerin des taiwanesischen Restaurants und alle andern, die mir begegnet sind. Natürlich auch mein Vater, der sich schon seit Monaten nicht mehr gemeldet hat und der noch immer nicht nach Winstel gekommen ist, um mit mir nach Memphis zu fahren und Lillys Asche über dem Mississippi auszustreuen, so wie sie es gewünscht hatte.

Die Fahrt nach Memphis ermüdete JB, der seit fünfzig Jahren nie mehr so weit gereist war wie in den letzten beiden Tagen. Er hatte Hattiesburg überhaupt nie verlassen, auch damals nicht, als man ihn auf freien Fuß setzte.

Kurz nach drei Uhr am Nachmittag kamen wir endlich in Memphis an. Beim Aussteigen stürzte JB beinahe vom Trittbrett. Es gelang mir im letzten Moment, ihn festzuhalten. Als ich ihn fragte, ob er sich erst einmal im Busbahnhof, wo es kühl war, hinsetzen wollte, schüttelte er den Kopf. Aber er sah ziemlich blass aus und müde. Ich hatte Angst, dass er noch, kurz bevor wir bei Lilly ankamen, schlappmachen würde, aber er hielt durch.

Im Taxi begann er nervös zu werden.

„Wir sollten Lilly vielleicht doch noch anrufen", meinte er.

„Wir sind gleich da, Großvater", entgegnete ich.

Er schwieg, bis wir vor dem Harvest Moon ankamen. Er stieg aus und betrachtete das Haus, das zwei Stockwerke hatte und aus Backsteinen gebaut war. Weiße Fenster und Türen. Ein großer, mit Pflastersteinen ausgelegter Platz vor dem Eingang mit den vier Säulen und der Treppe, die zum Portal hinaufführte.

Ich bezahlte den Taxifahrer, der unser Gepäck auf die erste Treppenstufe gestellt hatte. Ich spürte jetzt meine eigene Nervosität. Mein Mund fühlte sich plötzlich an, als hätte ich Watte geschluckt. Die ganze Zeit bis hierher hatte ich mir vorgestellt, wie es sein würde. Wir würden die Treppe hinaufgehen, die Halle betreten und uns vom Beo begrüßen lassen. ‚Bock auf Kaviar?' Und dann würden wir auf Lilly warten und den alten Leuten zusehen, die am runden Tisch saßen und einander den Kuchen vom Teller klauten.

Jetzt waren wir da.

Wir gingen zusammen die Treppe hinauf und betraten die Halle. Der Beo gab einen schrillen Schrei von sich. ‚Was willst du? Einen alten Hut zum Trommeln?'

JB blickte zu den alten Leuten am Tisch hinüber, die uns argwöhnisch betrachteten, obwohl wir zu weit von ihrem Tisch entfernt waren, als dass wir ihnen den Kuchen hätten klauen können.

Die Dame von der Anmeldung erkannte mich, aber ihr prüfender Blick blieb an JB hängen.

„Das ist mein Großvater", sagte ich ihr. „JB Swift."

„Schönen guten Tag, Mr. Swift", sagte die Dame. „Ich glaube, Lilly erwartet Sie schon."

JB wusste nicht, was er darauf antworten sollte. Er ließ sich auf einem der Stühle nieder und faltete die Hände im Schoß. Er sah in diesem Moment ziemlich alt aus, ziemlich durcheinander und verunsichert. Fast schien es, als wollte er wieder weggehen, zurück nach Hattiesburg.

Wir mussten eine Weile warten, bis Rhonda erschien, ein Lächeln im Gesicht. Sie hielt die Tür fest, sodass sie hinter ihr nicht wieder zufallen konnte, und im Halbdunkel des Flurs tauchte Lilly auf, zuerst eine schmale Silhouette nur, ein vager Schimmer, aber dann trat sie ins Licht der Halle und sie sah so schön aus, wie ich sie noch nie gesehen hatte. Rhonda bot ihr den Arm an, aber Lilly nahm ihn nicht. Sie kam auf uns zu, ohne auch nur einen Augenblick zu zögern. Leicht bewegte sie sich, den langen Schatten eines Traumes entfliehend, heraus aus der Einsamkeit, in der sie sich so sicher gefühlt hatte, dass sie nie mehr aufwachen wollte.

Aber jetzt war sie da. Die Hände ausgestreckt nach ihm und seinen Namen auf den Lippen.

Mehr als fünfzig Jahre waren vergangen, seit sie sich das letzte Mal umarmt hatten, aber jetzt schien es, als hätte die Zeit seit damals still gestanden. Nicht einmal eine Sekunde mochte vergangen sein zwischen damals und jetzt, als er Lilly in seine Arme nahm.

„Dass du da bist", flüsterte sie. „Dass du da bist."

„Ich bin da", sagt er.

Das ist es, dieses Wunder der wahren Liebe. Dass sie die Zeit anhalten kann und ewig währt. Ich erkannte es in diesem Moment zum ersten Mal, als sie sich aneinander festklammerten, als wollten sie sich nie mehr loslassen, und er ihren Namen nannte und sie den seinen. Und ich sah es in ihren Augen am Tag, als sie starb. So glücklich, wie sie damals gewesen war, als sie an seiner Seite Frank's Café verlassen hatte, so glücklich war Lilly, als sie die Augen für immer schloss.

Weder Zeit noch Distanz hatten sie jemals trennen können. Und der Tod schon gar nicht.

Ich weiß, auch wenn ich es nicht beweisen kann, dass sie dort, wo sie jetzt sind, beisammen sind. Für immer.

Für immer.

23. KAPITEL
TEXAS BLUES

Lilly und JB legten ihre Ersparnisse zusammen und kauften sich an der Stratford Road in der Nähe des Harrison Creek ein kleines Haus.

Als JB starb, verkaufte Lilly das Haus und zog ins Heim zurück. Ich besuchte sie, so oft ich konnte. Und wir schrieben uns viele Briefe. Sie erzählte mir von JB und von ihrer Liebe. Vom Haus an der Stratford Street, von den warmen Abenden auf der kleinen Veranda und von den Melodien, die er ihr schenkte. Sie erzählte mir von den Freunden, die zu Besuch kamen, vom Hund, der beim Überqueren der Straße angefahren wurde, vom Laub der Bäume, das im Herbstwind tanzte, von einer Zimmerpflanze, die sie zum Blühen brachte, von ihren langen Spaziergängen am Ufer des Mississippi.

Nicht ein einziges Mal waren sie dorthin zurückgekehrt, wo das Unglück geschehen war.

Die Beale Street sollte vollständig neu erstehen. So wollten es die Stadtplaner. Sie kamen und fragten JB um Rat. Wie es damals gewesen war, sollte er ihnen erzählen, auch von den Leuten, die er gekannt hatte, sie in seinen Erinnerungen zurückführen in das Royal Blue, das wieder aufgebaut werden sollte.

Lilly schrieb mir einen Brief, als sie in der Zeitung las, dass Sara Carter gestorben war. Und dann schrieb sie mir, dass JB überraschend krank geworden sei.

Ich fuhr sofort nach Memphis. Das war in der Zeit, als an der Stelle, wo früher der Pee Wee Saloon gestanden hatte, ein neues Gebäude für ein Hard Rock Cafe errichtet wurde.

JB starb drei Tage nach meiner Ankunft. Wir waren beide

bei ihm, als er starb. Auch Onkel Lewis kam. Und Lizette. Mein Vater war nicht da und meine Mutter musste arbeiten, weil sie einen neuen Job angefangen hatte. Am Tag nach seinem Tod wurde JB kremiert. Lilly erhielt die Urne mit der Asche. Nachdem alle wieder weg waren, gingen wir zusammen zum Mississippi, um die Asche auszustreuen. Nur Lilly und ich.

Mein Vater schrieb eine Karte aus Seattle.

„Ich bin bei euch", schrieb er. „In Gedanken. Anders geht es leider nicht."

Später erfuhr ich, dass er zu jener Zeit in Seattle eine Haftstrafe absaß. Wegen eines Streites oder so was. In einer Bar. Er hatte einem Zuhälter die Zähne eingeschlagen.

Jetzt warte ich darauf, dass er kommt und mit mir und der Urne mit Lillys Asche nach Memphis fährt.

Irgendwann ist er da.

„Kein Problem, Brad", wird er sagen und dabei grinsen. „Komm, wir bringen Lilly nach Memphis zurück."

Rick ist inzwischen bei uns eingezogen. Die meiste Zeit hockt er auf dem Lehnstuhl und schläft, während der Fernseher läuft. Wenn er nicht da ist, hockt er unten im Café an der Kreuzung mit den anderen alten Knackern, die alle im Zweiten Weltkrieg gedient haben, spielt Karten und trinkt jede Menge Kaffee.

Rick ist ein kleiner drahtiger Cowboy mit säbelkrummen Beinen, und er ist schwerhörig und trägt in einem Ohr ein Hörgerät. Auf dem anderen Ohr hört er nichts mehr und Rick behauptet, das sei deswegen, weil sein Trommelfell geplatzt sei, als er in Del Rio, einem Nest an der Grenze zu Mexiko, den berüchtigten Grenzbanditen Miguel Santana tötete. Die Geschichte ist so alt wie Texas, und ich glaube nicht, dass es in Winstel jemanden gibt, der sie ihm abkaufen würde, aber irgendwann, wenn ich mit diesem Buch fertig bin, schreibe ich vielleicht ein Buch über Rick und seine Zeit, als er ein Texas Ranger war und ein heißes Eisen an der Hüfte trug. Rick kann erzählen, bis einem die Ohren abfallen, und manchmal hockt er auf dem Sportplatz des Schulhauses und die Kinder hocken ganz gebannt um ihn herum, und er erzählt ihnen seine Geschichten, bis ihnen die Ohren abfallen.

Rick ist seit einigen Monaten mit meiner Mutter zusammen. Ich weiß nicht, wie das kam. Plötzlich war er da mit seinem riesigen, lederbezogenen Koffer voller Plunder und seinem alten Sattel und den ganzen Klamotten, die er schon trug, als er ein Texas Ranger gewesen war und später ein Kunstschütze und Messerwerfer, und er stellte den Koffer in das kleine Hinterzimmer, das früher eine Abstellkammer gewesen war, und jedes Mal, wenn ich hinten rausgehe, sehe ich den Koffer dort stehen mit seinem dicken Schloss und ich wünsche mir, er würde ihn einmal aufmachen und mir seine Schätze zeigen, die ich dort drin vermute.

Rick ist gut für meine Mutter. Sie kann ihn anschreien und er hört nichts, weil er sein Hörgerät manchmal abschaltet, falls er es überhaupt trägt.

Ich mag ihn. Seine Falten und alles. Seine Falten sind beinahe schwarz, weil er sich selten wäscht, aber er stinkt überhaupt nicht, und meine Mutter wäscht ihm die Hemden, sodass er jeden Tag ein neues Hemd anziehen kann. Nicht die Hose. Die Hose trägt er eine Woche, aber ein frisches Hemd will er jeden Tag anziehen, und zwar ein weißes mit langen Ärmeln und einem schmalen Stehkragen, dessen Knopf er allerdings nie zumacht.

Ich bin froh, dass er hier bei uns ist. Er ist ein Mann ohne Verwandte. Er war nie verheiratet. Hat keine Kinder. Zuletzt hatte er auf der Brewster-Ranch gearbeitet, aber nach dem Herbst-Round-up kam er nach Winstel und fragte herum, ob er irgendwo den Winter verbringen könnte, und meine Mutter hörte davon und sagte, hinten im Haus ist noch eine Kammer und ich kann dir ein Bett reinstellen. So wurde es gemacht und seither ist er bei uns und hämmert im Haus herum, wenn es was zu hämmern gibt, und am Abend hockt er auf dem Lehnstuhl vor der Glotze und glotzt den Mist, den meine Mutter glotzen will. Nur wenn sie nicht da ist, sucht er sich einen Kanal, auf dem alte Western kommen, und dann hockt er da und glotzt, bis er einschläft. Ich habe ihn schon mitten in ‚Rio Bravo' schlafen gesehen, als Angie Dickinson den Blumentopf durchs Fenster schmeißt und Ricky Nelson aus dem Hotel springt und John Wayne die Knarre zuwirft und das Geballer losgeht. Manchmal hocke ich mich zu ihm und wir glotzen zusammen, und ich glotze noch, wenn er schon lange eingeschlafen ist, Filme mit Randolph Scott oder Audie Murphy, ‚Zwei rechnen ab' mit Burt Lancaster und Kirk Douglas, oder ‚Tombstone' mit Henry Fonda.

Sonst schaut keiner mehr Western. Mitch kriegt heute noch jedes Mal Durchfall, wenn er schießen hört, obwohl er ja am liebsten ein Cowboy wäre. Echt. Aber vielleicht ist es ja auch nicht das Geknalle, was ihn bis in sein Gedärm hinein ärgert, sondern, dass er auf einem Kanal etwas verpassen könnte, zum Beispiel ‚The Simpsons', die ich ja selbst für das Beste halte, was je für die Glotze gemacht wurde.

„Wie geht's mit deinem Buch voran?", fragt mich Rick manchmal, wenn wir uns zufällig begegnen. Ihm habe ich es nämlich auch gesagt, dass ich ein Buch schreibe.

„Ganz okay", sage ich.

„Hä?"

„Okay, habe ich gesagt!"

„Schreib mal einen Western, Kid! Es gibt keine guten Western mehr!"

Was Hanna betrifft, gibt es nicht viel zu sagen.

Sie studiert am Texas Christian College in Fort Worth. Das ist zwar nicht so weit von Winstel entfernt, aber ich war noch nie dort. Hanna spielt Fußball für das College-Damenteam und hin und wieder schickt sie mir ein Gedicht. Keine Ahnung, was aus unserer Freundschaft wird. Ihr Vater hat mir mal gesagt, dass sie einen Freund hätte, der eine politische Karriere einschlagen wolle. Das ist okay. Was damals am Brewster-Teich geschah, das kann sie wahrscheinlich genauso wenig vergessen wie ich.

Wayne ist jetzt in San Antonio und angestellt bei einer Werbeagentur. Keine Ahnung, was er dort macht.

Gestern hat mich mein Vater angerufen. Wollte wissen, was los ist.

„Du weißt schon, nicht viel."

„Du musst da raus, Sohn."

Für einen Moment hielt ich den Atem an. Sohn, so hatte er mich noch nie genannt.

„Vielleicht hast du dir ja höhere Ziele gesetzt, eine Universität-Ausbildung oder sowas?"

„Genau."

„Gut für dich. Und auch für deine Mutter. Raus aus diesem Haus. Da draußen wartet ein neues Leben auf dich. Ich denke, das wollte ich auch immer, ein neues Leben starten, aber ich hatte dazu nie den Mut, Bradley, nicht einmal als ich auf deine Mutter traf und du zur Welt gekommen bist."

Ich sagte nichts darauf, wartete nur, dass noch mehr davon erzählen würde. Nie zuvor hatte er auf diese Weise mit mir geredet. Ernsthaft, meine ich, um mir zu zeigen, dass er mich ernst nahm. Vielleicht hat ihn Ruhelosigkeit weich geklopft, dachte ich, und schlussendlich menschlicher gemacht.

„Du weißt, Bradley, ein neues Leben wird bei mir schnell mal alt.“ Da war er schon wieder, dieser Zynismus, der mich manchmal sehr traurig machte. „Aber es gibt etwas, was du wissen musst, Bradley.“

„Was ist es?“ Fast hätte ich ihn Vater genannt.

Er lachte.

„Es ist schwierig, nicht?“

„Was denn?“

„Mich Vater zu nennen.“

Nun sagte ich gar nichts mehr. Für eine viel zu lange Zeit schwiegen wir beide.

„Bradley, ich werde dich immer lieben“, sagte er plötzlich. „Dass du mir das nur nie vergisst, du … und deine Mutter.“

Das schnürte mir die Kehle zu.

„Ich muss weiter, Brad.“

„Tschüss“, sagte ich. „Tschüss, Vater!“

Die Verbindung war unterbrochen. Ich glaube er hat es mich nicht mehr sagen gehört. Er war offenbar in Eile. Da saß ich nun für die längste Zeit beim Telefon und dachte an ihn. Schließlich stand ich auf und ging nach draußen um zu sehen, ob die Rimrocks noch da waren. In der Ferne sah ich sie, zwischen Himmel und Erde. Nichts um mich herum hatte sich verändert, aber mein Herz schmerzte.

Und was ist mit Alesha? Wisst ihr, ich habe nie mehr von ihr gehört. Rückblickend denke ich, sie hat überhaupt nie wirklich existiert, obwohl sie natürlich nicht nur ein Traum gewesen sein kann.

Was ich damit sagen will, klingt vielleicht nicht logisch, aber ich glaube, dass ich damals aus Alesha etwas gemacht habe, was für mich wirklicher war als Alesha selbst.

Und manchmal, wenn ich am Abend oben auf dem Wasserturm sitze und die Sonne hinter den Rimrocks untergeht und die langen Schatten über die Hänge herunter und in die Ebene hinauskriechen, nehme ich JBs Gitarre zur Hand und spiele für Alesha. Und für Lilly.

***